Warwick Pudney / Judy Cottrell

Das Väterhandbuch zu Schwangerschaft und Geburt

Jennifer May

Wie hast du das gemacht, Jennifer May
Mich zum Vater gemacht, meine ich
Du hast dieses Haus ausgesucht
Diese Mutter
Diesen Tag
Du bist einfach vorbeigekommen
Und hast mich zum Vater gemacht
Keine schlechte Wahl
meine Jennifer May

Vorwort

Dieses Handbuch betrachtet das Kinderkriegen einmal aus der Sicht des Vaters und bringt zur Sprache, was damit auf einen Mann zukommt. Es zeigt die Bedeutung des Vaterseins auf und erklärt, wann der Zeitpunkt kommt, sich damit zu befassen. Im Gespräch mit Männern, die auf dem Gebiet bereits hinreichend Erfahrung sammeln konnten, hat sich herausgestellt, dass viele gerade im ersten Jahr der Vaterschaft echte Probleme mit ihrer neuen Rolle hatten. Ein weit verbreitetes Verhaltensmuster besteht darin, sich in Arbeit zu vergraben, und auch von (Kommunikations-) Schwierigkeiten innerhalb der Partnerschaft – die nicht selten die nächsten zwei Jahrzehnte belasten – war oft die Rede. Wir wünschen Ihnen, dem werdenden Vater, einen optimalen Start und hoffen, dass Sie, wenn Ihr Nachwuchs eines Tages das Elternhaus verlässt, mit sich als Vater zufrieden sein können.

Wir wollen Ihnen mit diesem Buch helfen zu entscheiden, ob Sie überhaupt ein Kind möchten oder nicht. Anschließend befassen uns mit der Vorbereitung auf die Geburt: mit der richtigen Umgebung für Ihr Baby, den verschiedenen Stadien der Schwangerschaft und damit, wie Sie Ihre Partnerin am besten unterstützen.

Haben wir Sie dann glücklich bis zur Klinik gebracht, erfahren Sie, was Sie bei der Geburt erwartet und wie dieselbe sich feiern lässt. Es folgen Ratschläge zu Stillen, Sex und dem Einfinden in Ihre Rolle als frisch gebackener Vater. Wichtiger denn je ist in dieser kritischen Phase die Kommunikation mit Ihrer Partnerin, damit Ihre Beziehung keinen dauerhaften Schaden nimmt.

Für dieses Buch haben wir alle möglichen Informationsquellen angezapft. In ihrem Beruf als Hebamme hat Judy werdende Väter in der perinatalen Phase (d.h. kurz vor, während und nach der Geburt) interviewt und ihr Verhalten beobachtet, während Warwick gut zwanzig Interviews durchgeführt und verschiedene Männergruppen besucht hat. (Er hat außerdem fünfzehn Jahre Berufserfahrung als Dozent für Men's Studies und Familientherapeut vorzuweisen.) Darüber hinaus haben wir sechzig Vätern Fragebogen vorgelegt, die auch allesamt brav ausgefüllt wurden. Und, was vielleicht das Allerwichtigste ist: Wir beide haben viele Jahre lang ungezählte Väter begleitet und ihren vielfältigen Problemen gelauscht.

Warwick hat selbst drei Kinder, bei deren Geburt er jeweils dabei war, und Judy kann das Vatersein aus der Perspektive einer Mutter beurteilen. Gemeinsam haben wir Geburtsvorbereitungskurse abgehalten und auch Kursleiter ausgebildet. Bei den Kursen liegt uns besonders am Herzen, dass die werdenden Eltern nicht bloß lernen, Puppenköpfe durch Plastikbecken zu schieben, sondern auf die einschneidenden Veränderungen vorbereitet werden, die ihre Paarbeziehung gerade im Lauf des ersten Jahres durchmachen wird.

Ein guter Vater ist für Töchter genauso wichtig wie für Söhne. Bei Mädchen hängen davon alle späteren Beziehungen zu Männern ab. Töchter von Vätern, die ihre Rolle ernst genommen haben, werden seltener schon im Teenageralter schwanger und unternehmen weniger Selbstmordversuche. Als junge Frauen treten sie Männern gegenüber meist selbstbewusster auf und stellen realistischere Erwartungen an ihren Partner. Söhne guter Väter haben ein klareres Selbstverständnis und fühlen sich in ihrer Rolle als Mann deutlich wohler. Außerdem kommen sie besser mit anderen Männern aus und sind zu tiefen, beständigen Männerfreundschaften fähig. Und sie sind weniger auf die Anerkennung durch andere angewiesen, egal ob Männer oder Frauen. Bei ihnen liegt nicht nur die Selbstmord-, sondern auch die Kriminalitätsrate niedriger. Speziell

Frauen dürfte es interessieren, dass Männer, deren Väter sich nicht vor Verantwortung gedrückt haben, weniger dazu neigen, sich in Abhängigkeit von einer Frau zu begeben, und sich leichter damit tun, eine gleichberechtigte Partnerschaft aufzubauen. Gute Väter helfen Jungen, Männer zu werden, die ihrer Familie, ihrem sozialen Umfeld und auch der Umwelt gegenüber Verantwortung empfinden und übernehmen. Sowohl ihren eigenen Kindern als auch anderen jungen Leuten werden sie eher väterlicher Freund und Mentor sein, statt sie zu unterdrücken und ständig zu bekritteln.

Heutzutage gibt es derart viele Männer und Frauen, deren Verhältnis zum eigenen Vater von Angst, Ablehnung, Wut oder Trauer geprägt ist, dass dies ein ernsthaftes gesellschaftliches Problem darstellt. Versuchen wir also, unseren Kindern Vatergefühle zukommen zu lassen, die ihnen einen optimalen Start ins Leben ermöglichen.

WILLKOMMEN IM CLUB

An alle Männer, die noch kein Kind haben, jetzt aber eines erwarten, an alle, die mit dem Gedanken spielen, eines zu zeugen, und natürlich an alle, die kürzlich Vater geworden sind:

> Willkommen im Club der Väter!
> Du wirst nie mehr der alte sein,
> Wirst von nun an immer Vater sein.
> Mach deine Sache gut, und du wirst es nie bereuen.
> Scher dich nicht darum, und du wirst
> dein ganz persönliches Wunder verpassen.

Vor Ihnen liegt, was der grandioseste Augenblick Ihres Lebens werden könnte. So es überhaupt etwas gibt, das einen Mann ändern kann, dann ist es ein Kind. Vatersein vermag einem Leben neuen Sinn und Hoffnung zu geben.

Die meisten Männer haben von ihrem Vater nur wenig Bestätigung mit auf den Weg bekommen und fühlen sich jetzt, als frisch gebackener Vater, selbst verunsichert.

Sie haben Gelegenheit, alles besser zu machen als Ihr eigener Vater. Sie haben Gelegenheit, Ihrem Kind das zu geben, was Sie selbst bekommen haben – und darüber hinaus einiges, was Sie zwar gern gehabt hätten, aber nie erhalten haben. Dieses Buch möchte Sie dazu einladen, sich der Verantwortung des Vaterseins zu stellen und sich zu ihr zu bekennen. Einige Männer werden Ihnen empfehlen, das Kind ganz der Mutter zu überlassen. Und es gibt durchaus Frauen, die die Verantwortung allein tragen wollen und den Vater regelrecht abschieben. Wer weiß, vielleicht benimmt Ihre Partnerin sich so, als gehöre das Baby einzig ihr und nicht genauso Ihnen. Auch in Kliniken kann man oft den Eindruck gewinnen, als sei die Geburt ausschließlich Sache der Frau. Lassen Sie nicht zu, dass man Ihnen eine Ihrer kostbarsten Erfahrungen vorenthält. Viele Männer versäumen sie. Begehen Sie nicht denselben Fehler.

Sie haben ein Recht auf Ihr Kind. Dieses Buch zeigt einige Möglichkeiten auf, wie sich das Vatersein nach besten Kräften meistern lässt. Wenn Sie sich darauf einlassen, werden schwierige Zeiten einfacher, und vielleicht können Sie die ärgsten Klippen sogar gefahrlos umschiffen. Ihr Kind verdient das, und Sie ebenso. Manche Männer sterben, ohne jemals die Erfahrung einer tiefen Bindung gemacht zu haben, und andere stecken in der Zwangsjacke von Arbeit, emotionaler Selbstbeherrschung und ähnlichem Stress. Sie aber werden von Ihrem Kind gebraucht. Folgen Sie seinem Ruf.

Herzlich willkommen, zukünftiger Vater.
Eine Zeit voller wunderbarer Veränderungen erwartet Sie.

Sieben Gebote guter Väter

1 Lernen Sie Ihren eigenen Vater richtig kennen.

2 Bauen Sie echte, dauerhafte (Männer-) Freundschaften auf.

3 Unterstützen Sie Ihre Partnerin, vermitteln Sie Ihr das Gefühl von Geborgenheit und bringen Sie ihr Respekt entgegen.

4 Begleiten Sie Ihre Partnerin zu den Vorsorgeuntersuchungen, zu Geburtsvorbereitungskursen und zur Schwangerschaftsgymnastik und seien Sie bei der Geburt dabei.

5 Stehen Sie zu Ihrer Vaterschaft – kümmern Sie sich um Ihr Baby.

6 Spielen Sie mit Ihrem Baby und verbringen Sie viel Zeit mit Ihrer Partnerin.

7 Arbeiten Sie weniger.

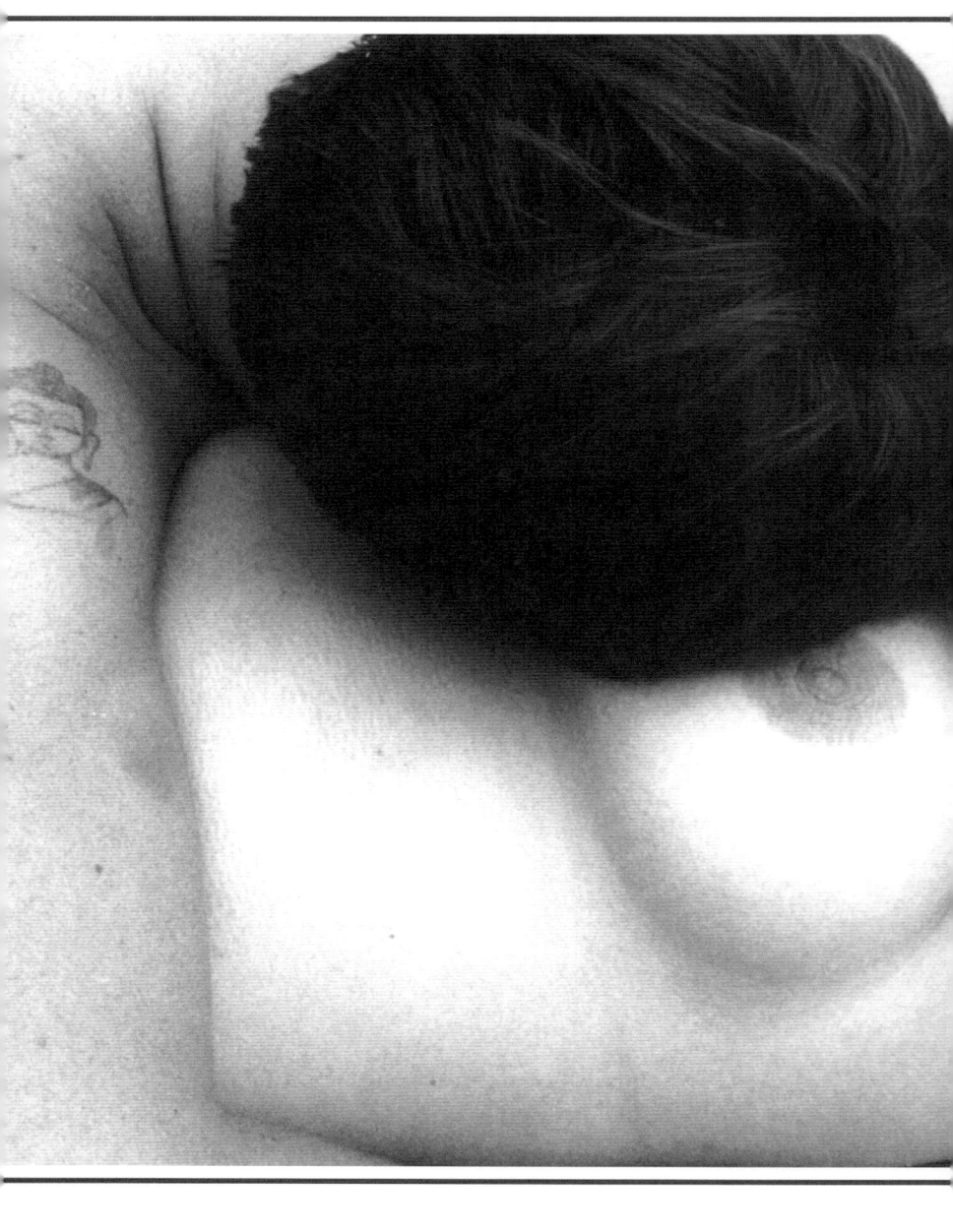

DIE ZEUGUNG

So lange hast du dich im Herzen deiner Mutter versteckt,
Auf den richtigen Moment gewartet, auf eine Einladung.
Dann schlichst du dich in meine Gedanken
Durch den Blick deiner Mutter.
Wandeltest durch mein Herz, klopftest an die Tür,
ruhtest in meinem Bauch, verharrtest in meinen Leisten.
Dann schaltetest du das Licht an, im Blick deiner Mutter,
brachtest uns zur Vereinigung und sprangst in ihren Schoß.
Ein überaus entschlossener Geist,
der uns für immer aneinander bindet.

Plädoyer für die bewusste Zeugung

In Neuseeland heißt es, Kinder entstünden aus einem Augenzwinkern des Vaters. Mag sein – allerdings vermuten wir doch stark, dass das Zwinkern eher in den Augen der Mutter stattfindet. Alle von uns Befragten berichteten einhellig, dass es die Mutter war, die sozusagen die Initialzündung gab. Sie spielte als erste mit dem Gedanken, ob es nicht schön wäre, ein gemeinsames Kind zu haben, und sie war es auch, die dann die endgültige Entscheidung traf. Einige Männer hatten sogar das Gefühl, überhaupt nicht gefragt worden zu sein.

Das ist in gewisser Hinsicht vielleicht verständlich, denn schließlich muss die Mutter das Kind neun Monate lang unter dem Herzen tragen. Bedenkt man jedoch, dass der Vater in den kommenden zwanzig Jahren als Ernährer und Beschützer fungieren darf (ob allein oder nicht, ist hier unerheblich), dann steht ihm unbestritten ein Mitspracherecht zu.

Aus diesem Grund propagieren wir die bewusste Zeugung. Das heißt, dass beide zukünftigen Eltern sich für ein Kind entscheiden, weil (oder obwohl) sie wissen, was damit verbunden ist und dass das Kind ihr gesamtes weiteres Leben verändern wird. Wir sind in der glücklichen Lage, weitgehend selbst entscheiden zu können, ob wir Kinder haben wollen oder nicht. Da zwei Menschen involviert sind, muss allerdings eine klare Vereinbarung getroffen werden. Andernfalls besteht die Möglichkeit, dass das Kind in eine gespannte Atmosphäre hinein geboren oder sogar grundsätzlich abgelehnt wird.

Ein paar gute Gründe dafür, dass Sie heute Nacht ein Kind machen sollten – falls Sie's nicht bereits getan haben

- ✗ Die Geburt eines Kindes ist ein Wunder, das man sich auf keinen Fall entgehen lassen sollte.
- ✗ Eine Geburt lässt eine Familie entstehen.
- ✗ Sie werden lernen, echtes Mitgefühl zu empfinden.
- ✗ Sie erhalten Gelegenheit, ein Kind zu lieben.
- ✗ Sie erhalten Gelegenheit, die Welt zu einem besseren Ort zu machen.
- ✗ Sie erhalten Gelegenheit, wieder Kind zu sein.

✗ Sie können jemandem alles Schöne auf dieser Welt zeigen.

✗ Sie gewinnen einen Freund.

✗ Sie werden viel Neues über sich selbst und die Welt erfahren.

✗ Sie schaffen die Voraussetzungen für Enkelkinder.

✗ Kinder:

    ✓ führen Sie an Plätze, die Sie allein niemals besucht hätten

    ✓ bringen Sie zum Lachen

    ✓ geben Ihnen einen Grund zum Leben

    ✓ bringen Menschen aller Altersgruppen zu Ihnen

    ✓ lehren uns Unschuld und Kreativität

    ✓ machen uns zum Lehrer, Krankenpfleger, Psychologen, Sportcoach, Putzfachmann, Märchenerzähler, liebevollen Vater und Beschützer

    ✓ wecken Verantwortungsgefühl

    ✓ lehren uns bedingungslose Hingabe.

Ein paar gute Gründe dafür, dass Sie heute Nacht – und vielleicht besser überhaupt – kein Kind machen sollten

✗ Bis das Kind aus dem Haus ist, kostet es Sie bestimmt 200.000 Euro.

✗ Es könnte passieren, dass Sie sich allein um das Kind kümmern müssen.

✗ Es könnte sein, dass Sie das Kind nicht zu sehen bekommen, falls Sie – die Eltern – sich trennen.

✗ Kinder nehmen einem die Freiheit, das zu tun, wonach einem gerade ist.

✗ Sie erzeugen Stress.

✗ Sie bedeuten Sorgen, schlaflose Nächte, Erschöpfung und frühes Altern.

✗ Sie behindern berufliche Ambitionen.

✗ Sie wollen Hunderttausende von Kilometern gefahren werden.

✗ Sie machen es schwer, sich mit schönen Gegenständen zu umgeben, und es ist durchaus denkbar, dass Ihre Wohnung jahrelang wie ein Spielplatz aussieht.

✗ Sie bringen Dreck ins Haus und müssen zudem selbst permanent gesäubert werden.

✗ Sie sind vielen Tausend Trommeln Schmutzwäsche gleichzusetzen.

✗ Kinder machen Dinge wie Fensterscheiben, Geschirr, Türen und Autos kaputt.

✗ Sie könnten wegen Ihres Teenagers einen Anruf von der Polizei erhalten.

✗ Manchmal werden sie sagen: »Ich hasse dich!«

✗ Sie gehen wie selbstverständlich davon aus, dass Sie immer für sie da sind.

✗ Sie entwickeln sich nicht immer so, wie Sie es gern hätten.

✗ Sie kosten immens viel Zeit (und Nerven).

Desillusioniert? Studieren Sie nochmals die positiven Punkte, damit das Bild wieder ausgewogener wird. Sollten einige Punkte Ihnen echte Sorgen bereiten, dann sprechen Sie mit einem Paar, das ähnliche Probleme erlebt hat, und hören Sie sich an, was die beiden zu sagen haben. Es könnte sein, dass Sie persönlich ohne Kinder glücklicher werden. Für die meisten Menschen gehören sie zu einem erfüllten Leben jedoch dazu.

Fragebogen für potenzielle Väter

Einige der folgenden Fragen sagen für sich allein genommen wenig aus. Andere lassen Sie die Entscheidung für oder gegen ein Kind vielleicht nochmals überdenken. Sie wissen doch: Alles ist eine Frage der Prioritätensetzung.

- ❏ Mögen Sie Kinder?
- ❏ Lässt Ihnen Ihre Arbeit Zeit dafür? Wie würden Sie Arbeit und Vaterrolle verbinden?
- ❏ Was erwartet Ihre Partnerin von Ihnen, wenn das Baby erst einmal auf der Welt ist?
- ❏ Wollen Sie selbst ein Kind, oder fügen Sie sich dem Wunsch Ihrer Partnerin?
- ❏ Wie wird sich Ihre Beziehung entwickeln, wenn Sie ein Kind ablehnen?
- ❏ Möchten Sie ein Kind, weil Sie hoffen, so Ihre Beziehung kitten zu können?
- ❏ Wer wird Ihnen während dieser Schwangerschaft und Geburt beistehen?
- ❏ In welchem Alter haben Sie daran gedacht, Vater zu werden?
- ❏ Sind Sie bereit, einen größeren Teil der Hausarbeit zu übernehmen?
- ❏ Auf welchen Geldbetrag können Sie monatlich verzichten?
- ❏ Wie alt sind Sie in zwanzig Jahren, wenn dieses Kind auf eigenen Füßen steht?
- ❏ Haben Sie Kindheitserfahrungen gemacht, die sich negativ auf Ihr Kind auswirken könnten? (Fast alles lässt sich in Ordnung bringen.)
- ❏ Halten Sie unsere Welt für gut genug, um Ihr Kind in dieselbe zu setzen?

- Gibt es für Ihren Kinderwunsch einen unausgesprochenen Grund? Wie lautet er?
- Gibt es für den Kinderwunsch Ihrer Partnerin vielleicht einen unausgesprochenen Grund? Wie könnte er lauten?
- Gibt es einen unausgesprochenen Grund dafür, dass Sie kein Kind wollen? Wie lautet er?
- Wie abhängig sind Sie von Ihrer Partnerin? Gefühlsmäßig? Geistig? Im Hinblick auf Freundschaften? Auf Liebe? Auf Ihre Zukunft? Ihr Selbstwertgefühl? In organisatorischer Hinsicht? Finanziell?
- Wenn Sie jetzt noch nicht für ein Baby bereit sind: Glauben Sie, Sie werden es jemals sein?
- Was würde Ihnen ein weiser Freund in dieser Situation raten?

Wie fühlt sich ein schwangerer Vater?

Fragen Sie Freunde, die erst kürzlich ein Baby bekommen haben, wie sie diese Erfahrung erleben. Erkundigen Sie sich nach den Höhepunkten, aber lassen Sie sich auch erzählen, wie der neue Erdenbürger ihr Leben verändert hat. Vielleicht können Sie sich den Säugling für einen Nachmittag oder Abend »ausleihen«, wenn seine Eltern etwas vorhaben, und auf diesem Wege ein paar Stunden mit einem Baby verbringen. Achten Sie darauf, wie Sie und das Kleine aufeinander reagieren.

Tragen Sie einmal einen Tag lang einen wassergefüllten Ballon mit sich herum. Sie und Ihre Partnerin können sich die Aufgabe teilen, aber besser ist es, jeder von Ihnen rüstet sich mit einem Ballon aus. Sie können ihn unter den Pullover oder in eine Einkaufstasche stecken – Hauptsache, Sie behalten Sie ihn den ganzen Tag über bei sich. So gewinnen Sie einen (kleinen) Eindruck davon, wie sich eine schwangere Frau fühlt.

Können Sie ein Kind zeugen?

Vasektomie – einmal umgekehrt

Manche Männer haben sich in jüngeren Jahren vasektomieren lassen, weil sie fest glaubten, kinderlos bleiben zu wollen. Mitunter ändern sie ihre Einstellung – gewöhnlich infolge eines Partnerwechsels. Glücklicherweise lässt diese Art der Sterilisation sich rückgängig machen; rund fünfzig Prozent solcher »Refertilisierungen« führen zu einer Schwangerschaft.

Einige Männer haben vor der Vasektomie Sperma einfrieren lassen. In diesem Fall ist zur Befruchtung natürlich die Hilfe eines Spezialisten nötig.

Ist mein Sperma fruchtbar?

Diese Frage spukt irgendwo im Unterbewusstsein eines jeden Mannes herum. Die Potenz des Spermas kann aufgrund sehr verschiedener Faktoren beeinträchtigt sein. Die häufigsten sind: Temperatur der Hoden, Alter, Krankheit, Störungen im Bereich der Samenleiter, Stress, psychologische Ursachen, hormonelle Funktionsstörungen, Einnahme von Antibiotika sowie Vitamin- und Eiweißmangel. Schwieriger zu beheben ist Unfruchtbarkeit infolge von Mumps, angeborenen Missbildungen, Beeinträchtigung durch Chemikalien oder Strahlung sowie Unfallverletzungen. Verklebungen der Hoden lassen sich in aller Regel operativ beseitigen.

Die normale Spermienanzahl liegt bei 30–60 Millionen pro Milliliter Ejakulat; 10–20 Millionen gilt als verminderte Fertilität. Außerdem müssen die Spermien die richtige Beweglichkeit, Eigenbeweglichkeit, Größe und Form besitzen. Die Spermienanzahl pro Milliliter Ejakulat hat weltweit abgenommen, was mit der Belastung unserer Umwelt durch Insektizide und andere Chemiegifte zu tun haben dürfte. (Allein das sollte

Grund genug sein, sich aktiv für den Umweltschutz einzusetzen …) Wie auch immer: Verzweifeln Sie nicht, wenn Sie mit allen Mitteln ins Schwarze zu treffen versuchen und Ihnen darüber scheinbar die Pfeile ausgehen. Wo es Sperma gibt, da gibt es auch Hoffnung. Spermien benötigen eine Temperatur, die unter der des Körpers liegt, weshalb Mutter Natur uns mit einem Hilfsorgan namens Skrotum ausgerüstet hat, dem Hodensack, der für die richtige Temperatur des Fortpflanzungsapparats sorgt. Mit einem heißen Bad, Whirlpool- oder Saunabesuch können Sie dieses System allerdings ordentlich durcheinander bringen. Mit gutem Grund gelten die genannten Anwendungen im Orient seit Jahrhunderten als bewährte Verhütungsmittel – meiden Sie daher heiße Wannenbäder und Saunen und sehen Sie sich vor, wenn Sie am Arbeitsplatz hohen Temperaturen ausgesetzt sind. Einengende Unterhosen sind ohnehin längst out, Sportslips und Boxershorts dafür in.

Außerdem können Sie Ihre Spermien ansparen: Mit der Häufigkeit der Ejakulation sinkt die Spermienrate. Ein potenter gezielter Schuss an den fruchtbarsten Tagen der Partnerin dürfte folglich wesentlich wirkungsvoller sein als zehn »ins Blaue« abgegebene. Deutsche Forscher haben entdeckt, dass Raucher verändertes Sperma produzieren. Stellen Sie die Qualmerei also drei Monate vor der Zeugung ein und lassen Sie die Finger auch während der Schwangerschaft von den Glimmstängeln, da das Baby indirekt passiv mitraucht, was ihm erwiesenermaßen schaden kann.

Ejakulationsstress vermeidet Mann am besten dadurch, dass er nicht daran denkt, was er tut, während er es tut. Je stärker der Leistungsdruck, desto höher ist erfahrungsgemäß die Ausfallquote. Also hören Sie auf, sich etwas abzuverlangen, und genießen Sie's einfach!

Spermien müssen ausgesprochen widerstandsfähig sein. Da in der Vagina ein saures Milieu herrscht, das sie buchstäblich abtötet, müssen sie möglichst rasch das spermienfreundliche Milieu des Uterus erreichen. Von dort aus gilt es dann, die winzigen Öffnungen der Eileiter zu finden und sich zum Ei durchzukämpfen. Es dauert 72 Tage, bis ein Spermium im Körper des Mannes heranreift. Wappnen Sie sich daher mit Geduld – Wunder dauern bekanntlich immer etwas länger! Sollten Sie sich trotzdem zu einem Spermiogramm, einer Analyse des Spermas, entschließen, dann holen Sie den Befund auf jeden Fall selbst ein. Es ist Ihr Sperma, und Sie sollten das Ergebnis auch als Erster erfahren. Ist Ihr Sperma befruchtungsfähig, stehen die Chancen immer noch lediglich eins zu zwölf – die richtigen Tage und Umstände bereits vorausgesetzt. Geben Sie also nicht vorschnell auf. Selbst bei sorgfältigem Timing müssen Sie Ihrem Wunschkind ein gutes Jahr Zeit lassen.

Unfruchtbarkeit des Mannes

Sterilität tritt häufiger auf, als man denkt, aber selten ist allein ein Faktor die Ursache. Hilfe ist möglich bei Fertilitätsstörungen aufgrund von Varikozele (eine Art Krampfader im Hodenbereich), psychisch bedingter Impotenz, Fehlernährung, Hitze, Störungen im Bereich der ableitenden Samenwege, stressbedingt niedriger Spermienanzahl, Ejakulationsproblemen und hormonellen Funktionsstörungen.

Bevor Sie eine Entscheidung bezüglich fremden Spenderspermas treffen, sollten Sie eine Sperma-Untersuchung durchführen lassen und den Rat verschiedenster Experten einholen. Erkundigen Sie sich auch nach den psychologischen Konsequenzen. Eine künstliche Befruchtung mit Spendersperma ist für Männer schwer zu akzeptieren. Wenn Ihre Unfruchtbarkeit Ihnen Minderwertigkeitsgefühle bereitet, sollten Sie unbedingt professionelle psychologische Hilfe in Anspruch nehmen.

Wie Sie Volltreffer landen

Wer beim Schießen ins Schwarze treffen will, muss eine ganze Palette von Faktoren berücksichtigen: Windrichtung und -stärke, Geschwindigkeit, Entfernung, Richtung usw. Je mehr Beachtung wir den genannten Faktoren schenken, desto höher wird die Trefferquote ausfallen. Fangen wir mit dem Timing an.

Die fruchtbaren Tage Ihrer Partnerin liegen zwischen dem ersten und siebzehnten Tag ihres Monatszyklus. Als erster Tag gilt der erste Tag der Menstruation. Ein vollständiger Zyklus dauert zwischen einundzwanzig und fünfunddreißig Tagen, im Mittel sind es achtundzwanzig. Der Eisprung (wenn das Ei in den Eileiter abgegeben wird und befruchtet werden kann) erfolgt etwa vierzehn Tage vor der nächsten Periode. Nach dem Eisprung bleibt das Ei nur rund zwölf bis vierundzwanzig Stunden fruchtbar, das heißt, es könnte sein, dass Sie Ihre Partnerin im gesamten Zyklus gerade einmal einen halben Tag lang schwängern können. Ins Schwarze treffen ist folglich weit schwieriger, als die meisten Leute glauben!

Exakte Buchführung kann die Chancen auf einen Volltreffer erhöhen. Die zuverlässigsten Anzeichen für den Eisprung sind:

✗ Veränderung der Körpertemperatur. Die Temperatur steigt nach der Ovulation, dem Eisprung, geringfügig an und bleibt bis zur Menstruation leicht erhöht. Am fruchtbarsten ist eine Frau in den letzten sechs Tagen vor dem Temperaturanstieg.

✗ Veränderungen der Schleimabsonderung aus der Cervix, dem Gebärmutterhals. Kurz vor dem Eisprung wird der Schleim feucht, klebrig und klar und lässt sich wie Eiweiß zwischen den Fingern ziehen. Durch diesen Schleim kann Ihr Sperma gut zum Ei gelangen, um es zu befruchten. Am letzten Tag des fruchtbaren Schleims ist die Trefferquote am höchsten, und gewöhnlich erfolgt der Eisprung rund 24 Stunden danach.

✗ Veränderungen in der Cervix. Der Gebärmutterhals wird weicher, kann sich weiter öffnen und heben.

✗ Weitere Indikatoren sind: Empfindlichkeit der Brüste, Stimmungswechsel, Schmerzen im Beckenbereich und Zwischenblutungen.

✗ Um den Zeitpunkt des Eisprungs möglicht exakt bestimmen zu können, sollten Sie bzw. Ihre Partnerin über einen Zeitraum von sechs Monaten täglich Buch über die genannten Indikatoren führen.

Achtung: Der Monatszyklus kann sich aufgrund von Krankheit, Stress, Reisen und anderen Veränderungen des Lebensrhythmus verschieben.

Können Sie unbesorgt ein Kind zeugen?

Die Erbmasse

Jeder Mensch muss mit den Genen leben, die ihm seine Vorfahren mitgegeben haben. Nun gibt es eine Reihe vererbbarer genetischer Veränderungen, die die Betroffenen verunsichern – möglicherweise so stark, dass sie beschließen, lieber keine Kinder in die Welt zu setzen. Zum Teil sind diese Bedenken durchaus berechtigt, während bei anderen Gendefekten das Risiko, sie weiter zu vererben, sehr gering ist. Zu den Faktoren, die es zu berücksichtigen gilt, zählen: Alkoholismus, Schizophrenie, Zwergenwuchs, Morbus Crohn, Duchenne'-sche Muskeldystrophie, Bluterkrankheit, Mukoviszidose, chemische Veränderungen (z.B. durch Thalidomide und radioaktive Substanzen) sowie einige Krebsarten.

Werden Sie jetzt aber bitte nicht panisch und löchern Ihre Großeltern ob irgendwelcher obskurer Familiengeheimnisse. Mit allergrößter Wahrscheinlichkeit wissen Sie bereits alles. Auch wären Ihre Großeltern und Eltern sicherlich verantwortungsbewusst genug gewesen, keinen Nachwuchs zu produzieren, wenn in Ihrer Familie tatsächlich eine böse Erbkrankheit umginge. Viel häufiger müssen Erbkrankheiten nämlich als Ausrede herhalten, wenn jemand aus anderen Gründen keine Kinder möchte. Trotzdem sollten Sie mit Ihrer Partnerin offen über Risikofaktoren sprechen. Damit beugen Sie eventuellen späteren Vorwürfen vor.

Gesundheitszustand der Mutter

Folgende Faktoren sind zwar nicht erblich, können aber das ungeborene Kind gefährden oder sogar eine Behinderung verursachen:

✗ Röteln (Rubella). Kommt eine werdende Mutter in den ersten drei Monaten der Schwangerschaft mit Rötelnviren in Berührung, kann dies für das Baby ausgesprochen gefährlich werden. Fünfzig bis neunzig Prozent der Föten nicht-immuner Mütter, die mit Rötelnerregern Kontakt haben, gehen als Fehlgeburt ab oder kommen schwer behindert zur Welt. Eine Blutuntersuchung schafft Klarheit, ob Ihre Partnerin Antikörper gegen Röteln besitzt; falls nicht, kann sie sich impfen lassen – aber unbedingt vor der Zeugung.

✗ Folgende Impfungen dürfen während der Schwangerschaft keinesfalls durchgeführt werden: Röteln, Pocken, Masern, Polio (Kinderlähmung) und Gelbfieber.

✗ Röntgenstrahlen können das Krebsrisiko erhöhen. Besteht die Möglichkeit, dass Ihre Partnerin schwanger ist oder werden will, sollte Sie sich in der Unterleibsregion keinesfalls röntgen lassen.

✗ Leukämie kann mit radioaktiven Strahlen zusammenhängen. Dazu gehört auch eine Strahlentherapie.

✗ Diverse verschreibungspflichtige Medikamente/Wirkstoffe können das Baby schädigen und sollten nur unter ärztlicher Aufsicht angewandt werden. Unter ihnen:

✓ Diazepam (Valium) und Librium können Atembeschwerden, Herabsetzung des Muskeltonus und Ernährungsstörungen hervorrufen.

✓ Chlorpromazin kann die Netzhaut schädigen.

✓ Lithium kann den Fruchtwasserspiegel beeinträchtigen und die Kropfbildung fördern. Herz- und Gefässmißbildungen.

✓ Aspirin und Warfarin enthalten Wirkstoffe, die die Blutgerinnung hemmen und genauso das Blut des Babys verändern können. Auch Fehlbildungen wurden beobachtet.

✓ Anästhetika und Steroide: Hier muss der behandelnde Arzt unbedingt wissen, dass Ihre Partnerin schwanger ist.

✓ Bactrim und Septrin (Antibiotika) behindern den Folsäure-Stoffwechsel.

✓ Tetrazykline (Antibiotikum) können die Knochen und Leber schädigen.

✗ Allergien: Jede Substanz, auf die Ihre Partnerin allergisch reagiert, wirkt sich auch auf das Baby aus. Sie sollten folglich ihre Allergien kennen und den Arzt entsprechend informieren.

✗ Nahrungsergänzungsmittel wie Vitamin A können das Zahn- und Knochenwachstum des Babys negativ beeinflussen (bei einer Tagesdosis über 10.000 IE).

✗ Für alle Vitamine gilt, dass sie **hoch**dosiert während der Schwangerschaft nicht angewendet werden sollen.

✗ Ohne ärztliche Rücksprache sollten auch sogenannte pflanzliche Mittel nicht eingenommen werden.

Sie können der wichtigen Rolle als Ernährer und Beschützer gerecht werden, indem Sie sich mit den gesundheitlichen Risiken befassen und zur rechten Zeit die richtigen Fragen stellen.

Weitere Gesundheitsrisiken für Ihr ungeborenes Kind

✗ Aids-Babys sind heute nicht mehr unrettbar zum Tod verurteilt. Am besten, man gibt Aids erst gar keine Chance, zum Beispiel durch Praktizieren von Safersex. Besteht jedoch die Möglichkeit, dass Ihre Partnerin mit dem Virus in Berührung gekommen ist, bitten Sie sie, einen HIV-Test durchführen zu lassen.

✗ Herpes: Weiß die Mutter nichts von einer Herpesinfektion und das Baby kommt im Geburtskanal erstmals mit den Viren in Kontakt, ist nicht auszuschließen, dass das Neugeborene sich ansteckt und eventuell einen Augenschaden davonträgt. Ist jedoch die Mutter schon länger infiziert, aber zu dieser Zeit beschwerdefrei, besteht in der Regel kaum Anlass zur Sorge.

✗ Suchterkrankungen können über die Plazenta weitergegeben werden, und nicht selten kommen Babys mit der Sucht ihrer Mutter zur Welt.

✗ Chlamydien: Diese durch Geschlechtsverkehr übertragenen Bakterien können Unterleibsentzündungen hervorrufen, die Eileiter schädigen und manchmal eine Empfängnis verhindern. Ist einer von Ihnen beiden mit Chlamydien infiziert, sollten Sie dies dem Arzt mitteilen, da Babys sich während der Schwangerschaft anstecken und eventuell an Augeninfektionen oder Lungenentzündung erkranken können.

Down-Syndrom (Mongolismus)

Fast alle Fälle von Down-Syndrom sind altersbedingt. Die Gefahr, dass Ihr Kind mongoloid zur Welt kommt, wächst proportional mit dem Alter der Mutter. Die Krankheit hängt mit einer Chromosomenmutation zusammen, deren Häufigkeit wie folgt auftritt:

im Alter von 25: 1 zu 527

im Alter von 35: 1 zu 204

im Alter von 45: 1 zu 23.

Ist Ihre Partnerin älter als vierzig, empfiehlt sich daher eine Fruchtwasseruntersuchung. Wird dabei eine Anomalie festgestellt, raten viele Ärzte zu einem Schwangerschaftsabbruch.

Achten Sie auf die Gesundheit Ihrer Partnerin

Bestärken Sie Ihre Partnerin, möglichst gesund zu leben. Das ist deshalb so wichtig, weil das neue Leben, zu dem Sie beide beigetragen haben, in ihrem Körper heranwächst. Halten Sie mögliche Stressfaktoren von ihr fern, und verwöhnen Sie sie mit gesundem Essen. Studieren Sie die Beipackzettel von Medikamenten und die Etiketten von Mitteln, die Sie im Haushalt verwenden, um festzustellen, ob ihre Inhaltsstoffe Risiken für schwangere Frauen bergen. Besonders gefährlich sind verschreibungspflichtige Arzneien und Insektenvernichtungsmittel.

Unterstützen Sie die werdende Mutter darin, keinen Alkohol zu trinken, indem Sie selber ebenfalls darauf verzichten. Alkohol mindert das Gewicht des Babys, kann die Entwicklung des Gehirns beeinträchtigen und steigert das Risiko einer Fehlgeburt. (Am kritischsten ist die Zeit zwischen der 12. und 18. sowie der 24. und 36. Schwangerschaftswoche.) Die etwaigen Folgen umfassen geistige Behinderung, Störungen des zentralen Nervensystems, Herzprobleme und veränderte Gesichtszüge.

Helfen Sie Ihrer Partnerin, allen Arten von Drogen – legalen wie illegalen – abzuschwören. Sie beide müssen das Rauchen aufgeben. Rauchen erhöht die Gefahr von untergewichtigen Babys, Fehl- und Frühgeburten.

Ihre Partnerin wird es bei der Geburt leichter haben, wenn sie körperlich fit ist. Bestärken Sie sie darin, Gymnastik zu treiben und beweglich zu bleiben. Lange Spaziergänge, Schwangerschaftsgymnastik und Yoga eignen sich ideal dafür. Und schaden auch einem werdenden Vater garantiert nicht!

Werden Sie aus freien Stücken Vater

Viele Männer berichten, dass sie überrascht und schockiert waren oder sich sogar betrogen und benutzt vorkamen, als sie von der Schwangerschaft ihrer Partnerin erfuhren. Bekundet eine Frau Kinderwünsche, sollten auch Sie, der Mann, sich um die Verhütung kümmern; nur so können Sie sich tatsächlich ein Mitspracherecht sichern. Es reicht nicht, sich auf die Verhütungsmittel der Frau zu verlassen oder lediglich die besonders fruchtbaren Tage zu meiden. Gerade Frauen, die in einer festen Partnerschaft glücklich sind, meinen manchmal, ihrem Gespons die Entscheidung abnehmen zu dürfen. Fragen Sie Ihre Partnerin, welche Pläne sie im Hinblick auf Kinder hegt, und reden Sie dann beide ganz offen darüber. Manche Frauen betrachten eine Schwangerschaft als Möglichkeit, die Partnerschaft zu festigen. Teilen Sie Ihrer Partnerin aufrichtig mit, wie fest Sie sich binden wollen und unter welchen Umständen Sie sich Kinder wünschen. Sogar langjährig verheirateten Männern, die bereits zwei Kinder haben und kein weiteres möchten, widerfährt es, dass »völlig unerwartet« ein Baby ins Haus steht.

Es gibt auch Frauen, die ganz ungeniert zugeben, sich einen Mann als »Vererber« auszusuchen, weil sie zwar ein Kind wollen, aber nicht die Absicht haben, eine feste Beziehung mit dessen Vater einzugehen. Dies mag den Bedürfnissen der Frau entgegenkommen, aber wenn der Mann zwanzig Jahre lang Alimente zahlen darf, sollte er wohl ein Wörtchen mitzureden haben. Wir raten deshalb allen Männern eindringlich, sich in Sachen Verhütung auf keinen Fall allein auf die Frau zu verlassen, sondern die Sache – buchstäblich – selbst in die Hand zu nehmen. Insbesondere dann, wenn die Frau eine »Schwäche« für Kinder hat.

Kinderlose Frauen Ende dreißig/Anfang vierzig meinen oft das Ticken ihrer biologischen Uhr zu hören, die fünf vor zwölf anzeigt. Sind Sie mit einer Frau dieser Altersgruppe liiert, sollten Sie Ihre Einstellung zu Kindern freimütig äußern, damit Ihre Partnerin es genauso ehrlich tun kann.

Es kommt auch vor, dass ein Mann eine Frau schwängert, um sie zu ködern. Selbstverständlich kann ein Baby zwei Menschen enger verbinden, aber gewöhnlich bleibt in solchen Fällen ein bitterer Nachgeschmack zurück, der früher oder später zu ernsten Differenzen führt.

Keine reine Frauensache: Empfängnisverhütung

Damit Sie sich nicht unverhofft als werdender Vater wiederfinden, ist zuverlässige Verhütung wichtig. Kondome sind praktisch und – abgesehen von einer Sterilisation – der für Männer einzig verlässliche Weg, kein Kind zu zeugen. Andere Methoden wie Intrauterinpessar (»Spirale«) und Antibabypille sind ebenfalls sicher, unterliegen aber nun einmal nicht Ihrer Kontrolle. So genannte »natürliche« Empfängnisverhütung ist gewiss am gesündesten, aber leider keineswegs sicher; Verfahren wie Temperaturmessen wollen absolut exakt durchgeführt werden und bedürfen strenger Selbstdisziplin. Bald wird es eine Pille für den Mann geben, die Männern gänzlich neue Kontrollmöglichkeiten eröffnet und die Wahl, ob bzw. wann wir Vater werden wollen, wirklich uns selbst überlässt.

Tragen Sie Verantwortung

Zu den wichtigsten Gesichtspunkten gehört, dass Ihr Kind mit einem Vater rechnen kann, der sich dieser neuen Rolle gewachsen fühlt und bereit ist, die volle Verantwortung zu übernehmen. Fühlt er sich hingegen überfortdert und lehnt die Verpflichtungen oder gar die Partnerin ab, sieht das Baby nicht gerade rosigen Vatererfahrungen entgegen. Jedes Kind verdient die ungeteilte Liebe und Aufmerksamkeit seiner Eltern, und es wäre mehr als unfair, ihm diese vorzuenthalten. Stellen Sie sich vor, Sie halten Ihr neu geborenes Kind im Arm und sagen:

Hallo, mein Bübchen/mein Mädchen.
Ich werde dich lieben, und du wirst das Beste bekommen, das ich dir geben kann. Du bist mein Kind, und ich bin dein Vater.

Fertilitätsstörungen der Frau

Möglicherweise hat Ihre Partnerin Probleme, schwanger zu werden. Selbst wenn es Ihnen beiden manchmal schwer fallen mag: versuchen Sie, positiv und spontan zu bleiben und die Angelegenheit locker zu sehen. Geben Sie nicht selbstgerecht ihr die »Schuld«, wenn es nicht auf Anhieb klappt. Es könnte schließlich auch an Ihren Spermien liegen. Und überhaupt: Sollte einer von Ihnen beiden Fruchtbarkeitsstörungen haben, so betrachten Sie dies als Ihr gemeinsames Problem. Schuldzuweisungen helfen nicht weiter. Sie verschärfen lediglich die Situation und belasten die Partnerschaft zusätzlich zu dem psychischen Stress, der die Fruchtbarkeit ohnehin mehr als genug beeinträchtigt.

Zu den häufigsten Ursachen psychisch bedingter Fruchtbarkeitsstörungen von Frauen zählen sexueller Missbrauch und Vergewaltigung, häufig auch ungenügend verarbeitete Abtreibungen. Womöglich wurde die Frau als Kind zur Adoption freigegeben, vergleicht sich mit anderen oder meint aus irgendeinem unerfindlichen Grund, keine Kinder bekommen zu dürfen oder zu können.

Bei einer Frau, die sich sehnlich ein Baby wünscht, löst jede Monatsblutung Gefühle der Trauer und Verzweiflung aus. Trifft dies auf Ihre Partnerin zu, ist sie besonders stark auf Ihre Unterstützung und Ihren Zuspruch angewiesen. Nutzen Sie die fruchtbarsten Tage Ihrer Partnerin. Konsultieren Sie gemeinsam einen Facharzt. Legen Sie Ihrer Frau nahe, eventuelle persönliche Probleme mit einem Psychologen oder einer Psychologin durchzusprechen. Es gibt eine Vielzahl von Therapien für Traumata unterschiedlichster Prägung; scheuen Sie sich nicht, nötigenfalls mehrere davon auszuprobieren.

Eine Schwangerschaft kann aus verschiedenen Gründen die Gesundheit der Frau gefährden. Ist dies bei Ihrer Partnerin zu befürchten, gilt es genau abzuwägen, wie hoch das Risiko tatsächlich ist. Konsultieren Sie unbedingt mehrere Fachärzte, um diverse Meinungen einzuholen. Sie als Mann haben dabei nicht zuletzt deshalb ein Mitspracherecht, weil Sie das Kind im schlimmsten Fall allein aufziehen müssen.

Die Zeugung hat alle Eigenschaften einer Grenzerfahrung: In ihr offenbaren sich Schöpfungskraft und Lebenswille. Dies bedenkend, könnte es geschehen, dass Sie den Vollzug der Zeugung im Moment der Wolllust und Hingabe spüren. Wer an die Leben spendende Kraft der Liebe glaubt, der gibt seinem Kind ein Urvertrauen von unschätzbarem Wert mit auf den Weg.

»ALTVÄTER«
AN »NEUVÄTER«

Bruder, wer sind wir?
Wir sind die Söhne unseres Vaters,
Dessen Antlitz wir nie erblickten
Wir sind die Söhne unseres Vaters,
Dessen Stimme wir nie hörten
Wir sind die Söhne unseres Vaters,
Bei dem wir Stärke und Geborgenheit suchten
In unserer hilflosen Qual
Wir sind die Söhne unseres Vaters,
Dessen Leben wie das unsere
Geprägt war von Einsamkeit und Leere
Wir sind die Söhne unseres Vaters,
Dem allein wir die düstere Last
Unseres Herzens und unserer Seele offenbaren
Wir sind die Söhne unseres Vaters,
Und ihm werden wir ewiglich folgen.

Thomas Wolfe

Wie die Alten, so die Jungen?

Wir gehen jede Wette ein, dass Sie in diesem Augenblick nur das Allerbeste für Ihren kleinen Sohn, Ihre kleine Tochter wollen – das Beste, was Sie selbst haben erleben dürfen, und das Beste, was man Ihnen vorenthalten hat. Damit Sie dies Ihrem Kind tatsächlich geben können, ist es wichtig, das Sie das Verhältnis zu Ihrem eigenen Vater klären und eventuelle Differenzen mit ihm aus der Welt schaffen. Andernfalls laufen Sie Gefahr, sich Ihrem Kind gegenüber unbewusst so zu verhalten, wie Ihr Vater es Ihnen gegenüber getan hat. Sind Sie bei einem anderen Mann aufgewachsen, zum Beispiel einem Stiefvater, so sprechen Sie sich mit diesem aus. Und denken Sie in Ruhe darüber nach, was Sie für Ihren leiblichen Vater empfinden. Mussten Sie völlig ohne Vaterfigur auskommen, dann nehmen Sie sich die Zeit zu überlegen, wie Sie sich Ihren Vater gewünscht hätten.

Rufen Sie sich Ihren Vater ins Gedächnis zurück. Seine Augen. Seine Gesichtszüge. Was hat er immer wieder gesagt? Und wie hat er gesprochen? Ja, so war er, der Vati, der Papa. Die Gedanken und Gefühle, die aufkommen, wenn Sie zurückdenken – insbesondere jene, die spontan in Ihnen aufsteigen –, werden deutlich zum Ausdruck bringen, wie Sie Ihren Vater erlebt haben.

Stellen Sie sich vor, was Ihr Sohn oder Ihre Tochter in zwanzig Jahren über Sie denken und sagen können. Sie haben Gelegenheit, Ihrem Vater alles nachzutun, was er gut gemacht hat, und alles besser zu machen, was ihm vielleicht nicht ganz so gelungen ist. Sind Ihnen zuerst die weniger schönen Dinge eingefallen, sollten Sie sich von diesen zum Wohl Ihrer eigenen Kinder (gegebenenfalls mit professioneller Hilfe) zu lösen versuchen.

Denn auch wenn wir es gar nicht wollen: wir alle haben die Tendenz, uns so zu verhalten wie unsere Eltern.

Steve: »Ich merkte, dass ich meinen Sohn auf dieselbe Weise unter Druck setzte, wie mein Vater seinerzeit mich. Ich habe mich entsetzlich geschämt, denn ich hatte mir geschworen, das nie und nimmer zu tun.«

Tim: »Ich schreinerte meinem Sohn einen Stuhl, genauso wie mein Vater mir einen gezimmert hatte. Okay, das Werk sah etwas anderes aus, aber es war etwas, was Dad für mich gemacht hatte, und ich fand es nur selbstverständlich, dasselbe auch für meinen Sohn zu tun.«

Programmieren der Software

Kindheitserlebnisse bestimmen unser gesamtes Leben. Sie sind Erfahrungen, die sich in einen noch gänzlich blanken Geist einprägen. Ihr Umgang mit Ihrem Kind ähnelt dem Beschriften eines weißen Blattes Papier. Wir müssen vom frühesten Anbeginn an sorgsam vorgehen. Wir dürfen nur Gutes zu Papier bringen, denn es ist nahezu unmöglich, einmal Niedergeschriebenes wieder auszulöschen. Wenn Sie einen Fehler gemacht haben, können Sie versuchen, ihn auszubessern und zu überschreiben. Restlos entfernen aber lässt er sich nicht, und es kann gut sein, dass es Sie fünf oder zehn angestrengte Versuche kostet, um ihn einigermaßen zu retuschieren. Viel einfacher ist es, schon beim ersten Mal das Richtige zu schreiben und die Seite klar und fröhlich zu halten. Erziehung wird manchmal mit dem Programmieren eines Computers verglichen: Sie rüsten Ihr Kind mit all den Informationen aus, die es benötigt, um in unserer Welt zu überleben. Dabei ist allerdings stets Vorsicht geboten. Laden wir nämlich unbedacht Ängste und Schmerzen in den Speicher, bekommen wir unglückliche und unsichere, aggressive

Kinder. Entscheiden wir uns stattdessen für Liebe und Verständnis, erhalten wir fröhliche, aktive Kinder – und Erwachsene.

Machen wir's anders

Vatersein ändert sich mit jeder Generation. Manches werden Sie unwillkürlich anders machen, weil Sie einer anderen Generation angehören. Noch vor nicht allzu langer Zeit wohnten die allerwenigsten Väter der Geburt bei. Einiges werden Sie nicht deswegen anders machen wollen, weil Sie es in Ihrer Kindheit als unangenehm empfunden haben, sondern schlicht weil sich die Welt verändert hat. Ausschlaggebend ist allein, dass Sie Ihr Bestes geben, genauso wie es Ihr Vater getan hat – so gut es die Umstände und das Verhältnis zu seinem eigenen Vater zuließen. Mir gefällt die Vorstellung, dass jeder Vater es ein bisschen besser macht als sein eigener Vater und dass die Welt auf diese Weise in der Tat kontinuierlich ein bisschen besser wird.

Spione, die aus der Kälte kamen: Feinde der Väterlichkeit

Verschiedene Theorien versuchen die Ursachen der emotionalen Verarmung der Vaterrolle zu erklären. Hier die beiden gängigsten:

Vor der industriellen Revolution waren Väter wesentlich enger in das Familienleben eingebunden. Die meisten hielten sich den ganzen Tag in den dorfähnlichen Gemeinschaften auf und erledigten Aufgaben, bei denen die Kinder mit anfassen oder zumindest anwesend sein konnten. Nahezu alle Arbeiten waren handwerklicher oder landwirtschaftlicher Natur. So wuchsen die Kinder der Gemeinschaft in ständigem Kontakt mit den Männern auf, die auch für die Sicherheit ihrer Sprösslinge verantworlich waren. Die Rollen waren weniger streng verteilt; obwohl die Mütter sich mehr mit Haushalts- und Küchenangelegenheiten befassten, beteiligten sich auch die Männer an den häuslichen Arbeiten. Männlein und Weiblein, Alt und Jung kümmerten sich um die Bewirtschaftung der Felder; gemeinsam fuhr man die Ernte ein und tätigte am Markt verschiedentlichste Geschäfte. Nach dem Bau von Fabriken aber verschwanden die Väter zur Arbeit hinter hohen Mauern, wurden unsichtbar, verbrachten die Zeit mit seelenlosen Tätigkeiten und verloren die Bindung an die Familie. Die Mütter waren gezwungen, sich allein um die Kinder zu kümmern, und Haushalt und Gelderwerb entwickelten sich zu getrennten Aufgabenbereichen – zum Nachteil und Schaden von Vätern und Müttern gleichermaßen.

Der zweiten Theorie zufolge waren es die beiden Weltkriege, die dem Vatersein endgültig den Garaus bereiteten und den Männern Heim, Herd und Erziehung entfremdeten. Wenn eine Gesellschaft in den Krieg zieht, schlüpfen Männer – bewusst und unbewusst – in die Rolle des bewaffneten Beschützers bzw. Kriegers. Sie schalten ihre Gefühle, allem voran das Mitgefühl, ab und klicken sich völlig aus dem Alltagsleben aus. Das hängt damit zusammen, dass sie darauf vorbereitet sein müssen, andere Menschen zu töten und deren Wohnungen und Eigentum zu zerstören. Die Seele des Soldaten ist verwundet, ehe er noch sein erstes Gefecht führt, und kaum einer schafft es, sich jemals davon zu erholen. Selbst diejenigen, die nie an die Front kamen, wappneten sich innerlich. Die Männer zogen also aus, um zu töten, und während sie fort waren, übernahmen die Frauen ihre Jobs und wurden unabhängig. Kinder wurden geboren und wuchsen ohne Kontakt zum Vater auf. Als die Männer heimkehrten, waren sie nicht mehr dieselben – und wurden nicht mehr so gebraucht wie zuvor: Frauen erledigten ihre Arbeit, die eigenen Kinder erkannten sie nicht. Schlimmer noch: Niemand half ihnen dabei, die Rolle des Kriegers abzulegen und sich wieder in die Gemeinschaft einzufügen. Vielmehr ließ man sie allein mit ihren grauenvollen Erinnerungen, über die man nicht sprach, und ihren tiefen emotionalen Verwundungen. Unsere Gesellschaft tröstete sie mit billigem Alkohol – und brachte eine Generation von weitgehend gefühllosen Männern hervor, die keine enge Beziehung zu ihren Kindern oder überhaupt jemandem entwickeln konnten. So wuchs nach jedem Krieg eine ganze Generation von Kindern fast vaterlos heran, die dann ihrerseits kaum in der Lage war, ihren leiblichen Kindern ein guter Vater zu sein. Diese Männer arbeiteten hart für den Wiederaufbau ihres Landes, aber es gelang ihnen nicht, eine emotionale Bindung zu anderen Menschen aufzubauen – die eigene Familie eingeschlossen.

> **Clem:** »Ich rede nie über den Krieg. Niemand vermag sich vorzustellen, wie es war. Im Krieg ist so vieles passiert, was nie hätte geschehen dürfen.«

Wir sind die neuen Väter

Wir sind eine junge Generation, die sich wieder emotional »einklicken« und innige zwischenmenschliche Beziehungen eingehen kann. Väter, die offen ihre Liebe zeigen und sich mit anderen Dingen als ausschließlich ihrer Arbeit beschäftigen, sind der Schlüssel zu einer anderen, vielleicht besseren Welt. Dies soll beileibe nicht heißen, dass Ihr Vater etwas falsch gemacht hat, aber verstehen helfen, warum er Ihnen unter Umständen das eine oder andere vorenthielt, worauf ein Kind eigentlich Anspruch hätte.

Sind Kinder Eigentum der Mutter?

Die lange Abwesenheit der Väter bewirkte unter anderem eine Umstellung der innerfamiliären »Besitzverhältnisse«. Hatten Kinder (bedingt durch das patriarchale System) den größten Teil des vergangenen Jahrtausends als Eigentum des Vaters gegolten, so verlagerte sich dieses »Besitzrecht« mit Beginn der industriellen Revolution auf die Frau. Dass Kinder im Fall einer Trennung gewöhnlich der Mutter zugesprochen wurden und weiterhin werden, hängt nicht zuletzt mit der aushäusigen Berufstätigkeit des Vaters zusammen. Wer den ganzen Tag in einer Fabrik oder einem Büro arbeitet, kann sich schließlich nicht um den Nachwuchs kümmern, selbst wenn er es wollte.

Niemand kann Kinder besitzen

Die Vorstellung, Kinder »besitzen« zu können, ist ohnehin abwegig. Kinder sind uns für eine gewisse Zeit überantwortet, und unsere Aufgabe besteht nicht darin, sie zu besitzen, sondern ihnen dabei zu helfen, sich als eigenverantwortliche Menschen zu begreifen. Nehmen wir ihnen etwas von ihrer Macht, um sie besser unter Kontrolle zu haben, schaden wir ihnen. Wir brauchen eine Gemeinschaft, die sich um Kinder kümmert und Verantwortung für sie übernimmt. Und wir müssen unseren Kindern mehr mitgeben, als ein oder zwei Erwachsene ihnen zu geben vermögen.

Väter sind wichtig!

Kinder brauchen zwei Eltern. Sie brauchen Sie als männlichen Elternteil, und sie brauchen Ihre volle Aufmerksamkeit. Nur Sie können sie mit dem männlichen Lebensgefühl und der männlichen Denkweise vertraut machen. Durch Sie erfahren sie, wie es ist, in Gemeinschaft mit einem Mann zu leben und durch ihn bestätigt zu werden. Und nur Sie können einem Buben eine positive Identität als Mann vorleben.

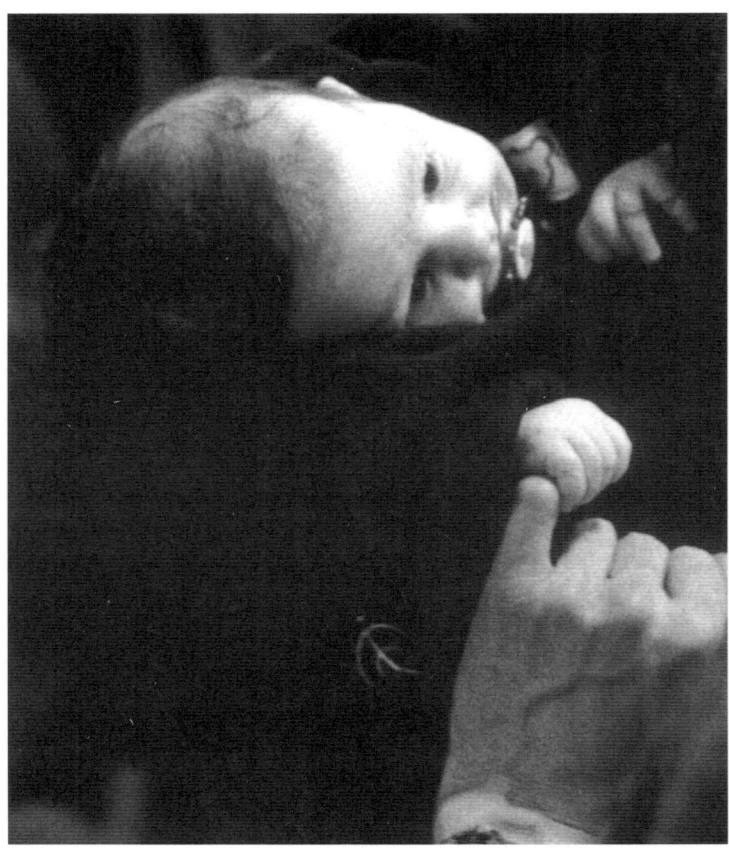

Kinder und Erwachsene, in deren Leben ein Vater keine aktive positive Rolle gespielt hat, leiden unter einer Art »Vaterhunger«: An der Stelle, die ein Vater im Herzen seines Kindes einnehmen sollte, gibt es dann nichts als Schmerz und Traurigkeit. In der Pubertät legen Jungen dann häufig destruktive Verhaltensweisen an den Tag, während Mädchen männliche Zuwendung suchen, um diese dann mit Sex zu verwechseln und womöglich gar als minderjährige Mütter zu enden (besonders erschreckend sind die US-amerikanischen Statistiken).

Väter und männliche Leitfiguren schenken Kindern das Gefühl von Zugehörigkeit, verbunden mit Pflichtbewusstsein und einem positiven Ausblick in die Zukunft. Leider wird die Bedeutsamkeit der Vaterschaft gesellschaftlich noch viel zu sehr unterbewertet. Fernsehserien führen zunehmend unfähige Väter vor, traurige Gestalten, über deren Inkompetenz wir lauthals lachen. Dabei brauchen wir Väter, die verantwortungsbewusst sind und die Inititaive ergreifen; nur sie können als echtes Vorbild dienen und Kindern die emotionale Sicherheit bieten, die sie benötigen.

Der Stammbaum väterlicherseits

Der Umbruch beginnt damit, dass Männer ihre Väter kennen und schätzen lernen. Wie viel wissen Sie über Ihren Erzeuger und Ihre Großväter? Leider beschränkt sich mein Wissen über meine Großeltern väterlicherseits auf das, was meine Mutter mir berichtet hat. Das hängt damit zusammen, dass mein Vater mir als kleiner Junge nie von seiner Jugend erzählt hat. Um Sie anzuregen, die wichtigsten Informationen über Ihren Vater und Ihre Großväter zu sammeln und schriftlich festzuhalten, haben wir einen Fragebogen erstellt. Versuchen Sie, ihn auszufüllen – und sei es nur in Gedanken.

Fragebogen:
Was weiß ich über meine Vorväter?

Großvater

Name und Vornamen _____

Nationalität, Abstammung _____

Geburtsort _____

Erlernter und ausgeübter Beruf _____

War im Krieg _____

Besondere Leistungen _____

_____

Ich erinnere mich an ihn vor allem wegen _____

_____

Gestorben an _____

Großvater

Name und Vornamen _____

Nationalität, Abstammung _____

Geburtsort _____

Erlernter und ausgeübter Beruf _____

War im Krieg _____

Besondere Leistungen _____

_____

Ich erinnere mich an ihn vor allem wegen _____

_____

Gestorben an _____

Vater

Name und Vornamen _____

Nationalität, Abstammung _____

Geburtsort _____

Jugendstreiche _____

Schulabschluss _____

Ausbildung zum _____

Lieblingsschriftsteller _____

Lieblingsmusik _____

Lieblingsdichter _____

Lieblingsmusiker _____

Seine besten Freunde sind/waren _____

Seine Hoffnungen _____

Erlernter und ausgeübter Beruf _____

Besondere Leistungen _____

Besondere Fähigkeiten _____

_____

Er ist/war der einzige, der _____

_____

Seine große Leidenschaft ist/war _____

Wenn ich an ihn denke, fühle ich mich _____

Wenn ich an ihn denke, denke ich an _____

_____

Ich möchte ihm danken für _____

_____

Auf dem Weg zu einer neuen Generation

Mittlerweile ist auch wissenschaftlich erwiesen, dass sich Männer zur Zeit von Schwangerschaft und Geburt sowie in den ersten Monaten der Vaterschaft ihrem eigenen Vater besonders eng verbunden fühlen und seinen Rat suchen. Viele Männer berichten, dass sie sich in dieser Phase mit einem Mal überraschend gut mit ihrem Erzeuger verstanden haben. Dies ist eigentlich vollkommen natürlich. Denn das neue Baby drängt Sie und Ihren Vater in eine neue (Generationen-) Rolle: Der Sohn wird zum Vater, der Vater zum Großvater. Damit vollziehen Sie einen wichtigen Schritt auf dem Weg des Reifens und des Übernehmens von Verantwortung. Höchstwahrscheinlich interessieren Sie sich jetzt dafür, wie Ihr eigener Vater sich mit dieser Rolle zurecht gefunden hat und wie Sie als Kind waren. Es kann Ihnen übrigens durchaus widerfahren, dass Sie sich jetzt, angesichts der auf Sie zukommenden Verantwortung, ungewöhnlich einsam fühlen.

Machen Sie Klarschiff

Ihr Vatersein wird sich in so mancher Hinsicht von dem unterscheiden, was Sie als Kind erlebt haben. Sollten Sie noch unter Enttäuschungen und emotionalen Verwundungen leiden, dann Sie sich unbedingt davon frei. Sicher fällt Ihnen einiges dazu ein, während Sie diese Zeilen lesen. Machen Sie sich Notizen, damit Sie sich später im Einzelnen damit auseinandersetzen können. Hier einige Fragen, die Ihnen auf die Sprünge helfen:

✗ Wie ist/war das Verhältnis zu Ihrem Vater?

✗ Hat Ihr Vater einmal etwas gesagt oder getan, was Sie unterschwellig noch immer bedrückt?

✗ Hat er jemals etwas getan, was Ihr absolutes Missfallen erregt hat?

✗ Haben Sie ihn jemals darauf angesprochen?

✗ Gibt es etwas, was Sie sich von ihm als Kind gewünscht hätten, aber nie erhalten haben?

✗ Hat Ihr Vater einmal etwas gesagt, was Sie bis heute nicht nachvollziehen können?

✗ War er gut zu Ihrer Mutter? Hatten Sie das Gefühl, sie beschützen zu müssen?

✗ Waren Sie als Kind einmal unfreiwillig Zeuge von etwas, was Sie bis heute beschäftigt?

✗ Gibt es etwas – oder vielleicht sogar mehreres –, was er Ihnen (unwissentlich?) angetan hat und Sie Ihrem Kind auf keinen Fall antun möchten?

Wir schlagen Ihnen vor, einen Brief an Ihren Vater zu verfassen oder alle Punkte, die einer Klärung bedürfen, aufzulisten. Dazu ein Tipp: Wenn Ihre spontane Reaktion lautet: »Ich habe überhaupt nichts mit meinem Vater zu besprechen«, dann haben Sie höchstwahrscheinlich sogar ganz besonders viel abzuklären.

Zur Anregung einige Themen, über die andere Männer mit ihrem Vater haben reden wollen:

❏ »Als wir damals in die Stadt gezogen sind, haben du und Mutter mich nie gefragt, was ich davon halte. Ihr habt mir nicht einmal gesagt, was Sache war.«

❏ »Ich fand es furchtbar, wenn du betrunken nach Hause gekommen bist.«

❏ »Warum hast du mir nie gesagt, dass du mich liebst – ganz einfach so?«

❑ »Du hattest kein Recht, mich als Kind zu schlagen. Warum hast du es getan?«

❑ »Warum hast du meiner Schwester alles nachgesehen und die Schuld immer mir in die Schuhe geschoben?«

❑ »Es gab eine Zeit, da hast du mich vor allen blamiert und mir das Gefühl vermittelt, ich sei ein Nichtsnutz.«

❑ »Ich erinnere mich noch genau, wie du einmal vergessen hast, mich vom Fußballtraining abzuholen, und ich mutterseelenallein in der Dunkelheit gewartet habe.«

Natürlich liegt das alles Jahre, wenn nicht Jahrzehnte zurück. Mittlerweile sind Sie längst erwachsen und stehen über solchen Dingen. Trotzdem ist es gut, alte Missstimmungen aus dem Weg zu räumen.

Schreiben Sie alles auf, was Ihnen dazu im Kopf herumspukt, und:

✗ Verbrennen Sie den Zettel als symbolischen Akt des Loslassens.

✗ Oder listen Sie alles in einem Brief auf und schicken Sie diesen ab. Oder aber Sie formulieren selbst ein Antwortschreiben Ihres Vaters und lassen die Sache damit endgültig auf sich beruhen.

✗ Sprechen Sie die Punkte, falls irgend möglich, mit Ihrem Vater durch. Fassen Sie dabei jedoch möglichst viel zusammen, statt ihm seine »Vergehen« einzeln an den Kopf zu werfen. Sie sollten Ihr Anliegen mit Nachdruck vorbringen, aber keinesfalls verletzend. Lassen Sie Vor- und vor allem Nachsicht walten. Die meisten Eltern reagieren ausgesprochen empfindlich auf Kritik an ihrer Erziehung. Selbst wenn es Ihnen schwer fällt, es zu glauben: Fast alle Eltern – auch Ihre – geben tatsächlich ihr Bestes. Selbstverständlich entschuldigt dies nichts, doch es sollte uns das

Vergeben und Vergessen erleichtern. Vielleicht werden sich Ihre Eltern verletzt fühlen; aber verletzen Sie sie bitte nicht absichtlich! Das könnte Ihnen später leid tun.

Der Zweck dieser Übung besteht darin, alles Belastende abzulegen, damit Sie möglichst vorurteilsfrei mit Ihrem Vater reden können. Lassen Sie nicht zu, dass überkommenen Gefühle Ihr Vatersein beeinträchtigen. Leider ist es nur allzu menschlich, dass wir Dinge wiederholen, von denen wir uns nicht gelöst oder die wir anderen nicht verziehen haben. Dabei ist es gar nicht so schwer, derartige Probleme abzuklären und damit ein für allemal aus der Welt zu schaffen.

Paul, ein frisch gebackener Vater: »Ich ertappte mich dabei, wie ich meine kleine Tochter schüttelte. Ich tat ihr weh. Ich hätte sie tatsächlich verletzen können. Später kam ich darauf, dass dieser Hang zur Gewalt mit meinem Vater zu tun hatte, mit der Art, wie er uns behandelt und geschlagen hat, und schließlich auch mit seinem Tod. Ich habe jetzt mit einer Therapie begonnen. Denn ich liebe meine Tochter, und ich könnte es nicht ertragen, ihr ernstlich weh zu tun.«

Gehen Sie bedacht vor

Bringen Sie die Dinge auf eine Art und Weise zur Sprache, die Ihrem Vater Freiraum lässt, sich zu entschuldigen oder seine Sichtweise zu schildern. Hören Sie ihm zu! Reagiert er gereizt oder abwehrend, haben Sie etwas falsch gemacht. Seien Sie geduldig. Bedenken Sie, dass er einer Generation angehört, die sich schwer damit tut, Gefühle auszudrücken. Es geht darum, dass Sie loslassen lernen – nicht um Schuldzuweisungen oder gar darum, es dem Alten Herrn heimzuzahlen.

Wenn Sie glauben, das in einem Gespräch nicht zu schaffen, wählen Sie den anderen Weg: aufschreiben und dann verbrennen. Lässt sich die Sache damit nicht aus der Welt räumen, sollten Sie mit einem Freund darüber sprechen oder sich an eine Männergruppe oder einen Psychologen wenden. Und erwarten Sie keine Wunder. Die Probleme sind nicht über Nacht entstanden, und folglich braucht auch der Verarbeitungsprozess seine Zeit. Probleme lösen sich nicht einfach in Luft auf. Die Briefschreibmethode funktioniert übrigens auch, wenn Ihr Vater bereits verstorben ist.

Danken Sie Ihrem Vater

Was auch immer in der Vergangenheit vorgefallen sein mag: Versuchen Sie, Ihrem Vater für das zu danken, was er für Sie getan hat – selbst wenn das ein Quäntchen Fantasie erfordert. Vermutlich hat ihm noch nie jemand für seine Lebensleistung gedankt, und die Chancen stehen gut, dass Ihnen auf diesem Weg bewusster wird, was Sie als Vater besser machen können. Möglicherweise hegen Sie ja die Hoffnung, dass auch Ihnen eines Tages jemand dankt.

Nachdem Sie Ihrem Vater gedankt haben, versuchen Sie ihm zu sagen, dass Sie ihn lieben. Das dürfte ihn umhauen. Erwarten Sie nicht, dass er in der Lage ist, dieselben Worte zu äußern. Es gibt andere Arten, Liebe zum Ausdruck zu bringen. Wenn Ihr Vater betreten schaut und abrupt das Thema wechselt, haben Sie etwas sehr Bedeutungsvolles erreicht. Sollte er Ihnen ebenfalls sagen, dass er Sie liebt, so ist das ein wunderschönes Geschenk. Trotzdem müssen Sie akzeptieren, dass er niemals so sein wird, wie Sie ihn sich wünschen.

Erwarten Sie nicht, dass Ihr Vater sich noch ändert. Höchstwahrscheinlich ist ihm das Gespräch mit Ihnen in gewisser Hinsicht peinlich. Sobald Sie gesagt haben, was gesagt werden musste, empfiehlt es sich daher, ein anderes Thema anzuschneiden. Aber lassen Sie ihn unbedingt spüren, dass Sie ihn so mögen und schätzen, wie er ist.

Viele Männer sind – zumindest zeitweise – bei einem Stiefvater aufgewachsen. Dieser verdient dieselbe Aufmerksamkeit, hatte er doch einen deutlichen Anteil an Ihrer Erziehung. Gleichwohl ist darüber, falls möglich, der leibliche Vater nicht zu vernachlässigen. Er ist unser Ursprung, dem wir unser Anrecht auf einen Platz auf dieser Erde verdanken.

Erheben Sie Anspruch auf Ihre Vaterschaft

In vielen Familien spielt der Vater eine regelrechte Nebenrolle und lässt sich von seiner Partnerin vorschreiben, welche Aufgaben er zu übernehmen hat. Freundlich vorgebrachte Bitten der Mutter wie: »Könntest du Rudi vom Fußballtraining abholen?«, »Wie wäre es, wenn du Ruth eine Geschichte vorliest?« und »Es wäre toll, wenn du Tim zeigen würdest, wie man das macht« fördern ein »Secondhand«-Vatersein.

Anspruch auf Vaterschaft erheben bedeutet Selbstbewusstsein entwickeln, Neues lernen, Erprobtes fortführen und sich aktiv an der Erziehung beteiligen. Natürlich sind Spannungen vorprogrammiert und Missverständnisse bei der Neuverteilung der Rollen nicht auszuschließen, aber das Ergebnis sollte drei Menschen zugute kommen. Sie, der Vater, sind wichtig, und Ihr Baby braucht Sie, um zu einem glücklichen und ausgeglichenen Menschen heranzuwachsen.

Väter sind wichtig!

Wissenschaftliche Studien belegen, dass die Anwesenheit des Vaters in den ersten drei Lebensjahren besonders wichtig ist. In dieser Phase bildet sich die Geschlechteridentität aus. Buben müssen die Stärke und Behaartheit ihres Vaters spüren, ihn riechen und seine tiefe Stimme hören. Und auch Mädchen brauchen den Unterschied. Zu einer zentralen Figur wird der Vater zu Beginn der Pubertät, wenn die Kinder unter der hormonellen Umstellung leiden und lernen müssen, sich in die Rolles eines Mannes bzw. einer Frau einzufinden.

Für Mädchen ist es wichtig, eine liebevolle, nicht-sexuelle Bindung zu einem Mann zu erleben. Fehlt ihnen diese Erfahrung, haben sie später womöglich Beziehungsprobleme und sind unter Umständen unfähig, eine gesunde, auf Vertrauen und Gleichberechtigung gegründete Partnerschaft mit einem Mann zu führen. Erschreckend viele Mädchen, die ohne Vaterfigur aufgewachsen sind, werden als Minderjährige schwanger, und sowohl Buben als auch Mädchen, denen dieser männliche Einfluss fehlte, können anscheinend schwer zwischen sexueller und nicht-sexueller Liebe unterscheiden. Auch die Selbstmordquote vaterloser Minderjähriger liegt – vor allem bei Jungen – weit über dem Durchschnitt. Durch Väter lernen Söhne, wie man vertrauensvolle Männerfreundschaften knüpft und pflegt und wie man Gesellschaftsstrukturen aufbaut und fördert, bei denen Männer tragende Rollen spielen.

Den nachhaltigsten Einfluss üben unsere Eltern aus. Wenn wir uns nicht bewusst und gezielt vornehmen, irgend etwas anders zu machen, ahmen wir höchstwahrscheinlich unwillkürlich ihr Rollenverhalten nach. Soll die Welt ein besserer Platz werden, dann muss sich mit jeder Generation etwas ändern.

Überkommene Vaterregeln

✗ Arbeite hart und bring genug Geld nach Hause, um die Familie zu ernähren.

✗ Fürsorge ist die Aufgabe der Mutter. Überlass die Betreuung der Kinder ganz deiner Frau und stell dich notfalls dumm, damit sie gar nicht erst auf die Idee kommt, dich damit zu belasten.

✗ Übernimm bei gefährlichen Aufgaben die Rolle des Beschützers.

✗ Sei die disziplinarische Instanz.

✗ Kümmer dich um Reparaturen.

✗ Bau selber Gemüse an.

✗ Beschäftige dich nur dann mit den Kindern, wenn deine Frau es verlangt.

✗ Rede daheim nicht viel, mach dich lieber nützlich.

✗ Sprich nicht über deine Gefühle.

Erinnert Sie dieser Verhaltenskodex an etwas? Möglicherweise sind Sie zum Teil selbst noch so programmiert, obwohl Ihnen Ihr kluges Köpfchen natürlich deutlich sagt, dass dies fürchterlich altmodisch ist.

Verhaltenstipps für moderne »gute« Väter

✗ Sei dir bewusst, dass Vatersein eine verantwortungsvolle Aufgabe ist.

✗ Überarbeite dich nicht.

✗ Folge deinen Gefühlen und sorge dafür, dass es dem Kind gut geht.

✗ Übernimm die Initiative.

✗ Kaufe (und lies!) Bücher über Babys.

✗ Lerne den betreuenden Gynäkologen und die Hebamme kennen.

✗ Unterstütze deine Partnerin.

✗ Sei immer informiert.

✗ Übernimm auch unangenehmere Aufgaben.

✗ Erinnere deine Partnerin daran, dass das Leben nicht nur aus Wickelkindern besteht.

✗ Richte es so ein, dass du regelmäßig Zeit allein mit dem Baby verbringen kannst.

✗ Unternimm etwas mit dem Kind, was euch beiden Spaß macht.

✗ Mach Fehler, lerne aus ihnen und lache darüber.

✗ Hol dir Rat und Unterstützung von anderen jungen Vätern.

✗ Füttere das Baby, bade es und wickle es.

✗ Putze und räume hinter euch beiden auf.

✗ Bilde dir deine eigene Meinung, aber höre gut zu, wenn jemand Verbesserungsvorschläge macht.

✗ Sag dir selbst, welch ein guter Vater du bist.

Vatersein verändert einen Mann

Kaum etwas verändert das Leben stärker als ein Baby. Kinder lassen uns wieder an das Wunder des Lebens glauben und bringen uns dazu, unsere Prioritäten neu zu überdenken. Sie geben dem Leben Sinn. Die Geburt seines ersten Kindes wandelt einen Mann. Lassen Sie diese Chance nicht ungenutzt verstreichen. Sie brauchen nichts weiter zu tun, als offen zu sein und Ihre Vaterrolle in Anspruch zu nehmen.

Warwick: »Ich weiß noch genau das Gespräch, das ich im Hochsicherheitstrakt eines Gefängnisses mit einem berüchtigten mehrfachen Vergewaltiger geführt habe. Der Mann versicherte mir, sich ändern zu wollen. Ich war überrascht, denn seine Worte klangen sehr überzeugend. Auf meine Frage, was seinen Gesinnungswandel ausgelöst habe, antwortete er: ›Die Geburt meiner Tochter.‹ Er sagte, jetzt hätte er etwas, wofür es sich zu leben lohne, und dass er zum ersten Mal erfahren habe, wie es ist, sich um jemanden zu kümmern und die Beschützerrolle für eine Frau zu übernehmen.

Heute, sieben Jahre nach seiner Haftentlassung, engagiert er sich in der Jugendarbeit für Gewaltverzicht.«

Checkliste für werdende Väter

Welche Aufgaben kommen auf mich in meiner Rolle als Vater, Ehemann und Ernährer zu? (Beispielsweise im Haushalt, bei der Fürsorge für das Baby, in der Beziehung zu meiner Partnerin)

_____

_____

_____

Mit welchen Menschen werde ich umgehen und zusammenarbeiten müssen?

_____

_____

_____

Wie viele Stunden am Tag werde ich eingespannt sein? _____

_____

Gibt es Zeiten zum Ausspannen? _____

_____

Wie werde ich meine Freizeit verbringen?

_____

_____

_____

Wie viel bezahlte Arbeit muss ich leisten, um meine Familie ernähren zu können?

_____

_____

Gibt es eine Obergrenze für bezahlte Arbeitsstunden?
❏ Ja   ❏ Nein

Wie viele Stunden? _____

Gibt es eine Obergrenze für unbezahlte Arbeitsstunden?
❏ Ja   ❏ Nein

Wie viele Stunden? _____

Was will ich auf gar keinen Fall machen?

_____

_____

Welche Fähigkeiten brauche ich, um die Vaterrolle ausfüllen zu können?

_____

_____

Wie sieht meine grundsätzliche Einstellung zum Vatersein aus?

_____

_____

_____

Was ist das Wichtigste? Was muss ich mir stets vor Augen halten?

_____

_____

Was werde ich anders machen als mein Vater?

_____

_____

Was werde ich genauso machen wie mein Vater?

_____

_____

Was soll mein Kind später einmal von mir denken?

_____

_____

_____

Welche Versprechen will ich mir und meinem Kind geben?

_____

_____

_____

Was möchte ich dem Neugeborenen als Erstes sagen?

_____

_____

Wie kann ich sicherstellen, dass mir gelingt, was ich mir vorgenommen habe?

_____

_____

_____

Wie wird die Beziehung zu meiner Partnerin/der Mutter aussehen?

_____

_____

_____

Wessen Kind wird es sein?

❑ meines   ❑ ihres   ❑ unseres?

(Falls »unseres«: zu _____ % ihres, zu _____ % meines)

Wie viel Mitspracherecht werde ich bei der Erziehung haben?

_____

_____

Muss ich darauf vorbereitet sein, mein Leben für meine Familie aufs Spiel zu setzen?

    ❏ Ja   ❏ Nein   ❏ Unter welchen Umständen?

_____

_____

_____

Wer kann/wird mir mit Rat und Tat zur Seite stehen?
Namen:

1 _____   2 _____

3 _____   4 _____

Welche Schwierigkeiten gilt es aus dem Weg zu räumen, und was muss ich möglichst bald ändern?

_____

_____

_____

_____

_____

Welche Gewinne wird diese Erfahrung mir bescheren?

_____

_____

_____

_____

_____

_____

_____

NESTBAU

Waiata

und ich werde federn und wolle haben, die wärme spenden
und ich werde holz und mörtel haben, die stärke verleihen
und ich werde garne und muster haben, die schönheit schenken
und ich werde steine haben, um versprechen zu halten
und ich werde einen berg haben, der mir einen namen gibt
und ich werde einen fluss haben, der mich trägt
und ich werde meine erde haben, die mich zurückruft
und ich werde ein feuer haben, um meinen mauri zu erleuchten
und ich werde ein volk haben, zu dem ich gehöre
und ich werde eine Mutter haben mit einem offenen schoß
und ich werde einen Vater haben mit einem offenen herzen
und er wird ein waiata haben, mit dem er mich willkommen heißt
und dann, dann werde ich geboren sein.

Gesang der Maori

(Die Begriffe *waiata* und *mauri* entstammen der Sprache der Maori, der Ureinwohner Neuseelands. *Waiata* bedeutet Lied, Gesang, Gedicht, *mauri* soviel wie Wesen, Geist, Persönlichkeit.)

Ein Zuhause haben

Je schnellebiger und hektischer unsere Welt wird, desto wichtiger ist es, einen Platz zu haben, an den man gehört. So rasch wie wir uns bewegen, verlieren wir immer mehr die Verbindung zum Erdboden und damit auch den Kontakt zu unserem Ursprung. Für den neuen Erdenbürger jedoch gibt es nichts Wichtigeres als ein Zuhause, ein »Daheim«, an dem er sich geborgen fühlt.

Viele Leute ziehen häufig um, weil jede Wohnung irgendwelche Mängel aufweist. Wir raten Familien aber dringend, ein »richtiges«, dauerhaftes Heim zu beziehen, am besten natürlich ein Haus mit Garten. Vertraute Wände und Zimmer, Gärten oder Höfe, Plätze und Bäume sind Bestandteil unserer Wurzeln, des Erinnerungsschatzes, der uns ein Leben lang inneren Halt verleiht und die Kraft gibt, unsere Psyche Anderem, Neuem gegenüber zu öffnen und Eigenes entstehen und wachsen zu lassen. Jede Veränderung bedeutet Stress. Stress überträgt sich – über die Muttermilch, die Körperenergie und das Verhalten der Eltern – auf das ungeborene Kind und natürlich auch auf Säuglinge und Kleinkinder.

Kinder brauchen ein richtiges Zuhause. Europäer und Amerikaner kehren gern zu dem Haus zurück, in dem sie aufgewachsen sind. Die Maori, die Ureinwohner Neuseelands, besuchen ihr marae oder Familienland, und die Aborigines, die Ureinwohner Australiens, wandern zu den heiligen Stätten ihres Clans. In jedem Fall geht es darum, einen Platz zu haben, der Zuflucht gewährt und an dem man Kraft tanken kann. Ein Aborigine fragte mich einmal: »Woher kommst du? Wo ist dein Land?« Er wollte wissen, wo meine Wurzeln liegen, wo ich mich zu Hause fühle.

Woher kommen Sie? Welchen Ort wird Ihr Kind sein Zuhause nennen? Ich erinnere mich an einen Hügel, den ich als

Kind unermüdlich erklommen, an ein Tal, das ich jeden Morgen nach dem Aufstehen überblickt, und an einen Bach, den ich täglich überquert und in dem ich gespielt habe. Es hat fünfzehn Jahre gedauert, bis ich mich in der Stadt, in der ich heute lebe, heimisch gefühlt habe. Sehen Sie zu, dass Sie Ihren Kindern ein Haus oder eine Wohnung bieten können,

die die Bezeichnung Zuhause verdienen. Einen Ort, an dem sie sich geborgen und zugehörig fühlen. Wenn es Ihnen irgend möglich ist, dann suchen Sie sich ein Fleckchen Land, das Ihnen und Ihrer Partnerin besonders zusagt und an dem Sie Frieden finden können. Stellen Sie sich, während Sie diese Zeilen lesen, einen Ort vor, der Ihnen dies zu bieten vermag und das Gefühl vermittelt, Teil eines Ganzen zu sein. Das ist der Ort, an dem Sie sich regenerieren können.

Ein behütetes Zuhause ist die Voraussetzung dafür, dass sich im Kopf und im Herzen eines Kindes Zugehörigkeitsgefühle entwickeln. Sollte das Kind später fortziehen, wird es den Geist des Ortes bei sich tragen. So kann es nicht nur körperlich, sondern auch jederzeit mental an diesen Ort zurükkkehren. Wenn Ihr Kind seinen Bach, seinen Baum oder Hügel haben soll – wo könnte das sein?

Eine harmonische Partnerbeziehung

In jedem Mann schlummert ein gewisser Nestbau-Instinkt. Dieser erwacht gewöhnlich angesichts der bevorstehenden Ankunft eines Babys. Ungezählte Babys werden in noch nicht ganz fertig gestellte Häuser geboren, weil die Eltern für sich und ihren Nachwuchs unbedingt ein Heim von Bestand einrichten wollen. Nicht weniger Energie muss allerdings auch in das menschliche Umfeld einfließen, das wir für unser Kind schaffen.

Wenn Sie

✗ wenig zu Hause sind,

✗ häufig streiten,

✗ mit Ihrer Beziehung oder dem Baby hadern,

✗ sich eingeengt fühlen,

- ✗ verunsichert sind,
- ✗ sich ständig gestresst fühlen,
- ✗ das Verhältnis zu Ihren Eltern nicht geklärt haben,
- ✗ frühere Beziehungen nicht abgeschlossen haben,
- ✗ traumatische Kindheitserfahren nicht verarbeitet haben,
- ✗ über kein ausreichendes Einkommen verfügen,
- ✗ nicht miteinander kommunizieren,

dann wird Ihr Baby in ein unharmonisches Zuhause geboren und in einem Umfeld aufwachsen, das nicht die optimalen Voraussetzungen für seine Entwicklung bietet.

Schenken Sie Ihrem Kind Glück und Harmonie

Jedes Kind verdient Glück und Harmonie. Gelegentliche Unstimmigkeiten und Reibereien sowie hin und wieder ein reinigendes Gewitter sind selbstverständlicher Bestandteil des Lebens – nicht aber permanente Konflikte und Machtspiele. Zu einem liebevollen Zuhause gehört weitaus mehr als das teuerste Haus in der Siedlung.

Kinder haben das Recht auf Sicherheit

Wir kommen als empfindsame, vertrauensvolle Geschöpfe auf die Welt, und wir haben ein Recht, es zu bleiben. Doch man erzählt uns, die Realität sei hart und unfair, und wer in dieser Welt überleben wolle, müsse kämpfen.

Natürlich lässt sich nicht verhindern, dass jeder Mensch im Lauf seines Lebens diversen Gefahren und Problemen begegnet – aber Kinder haben ein Anrecht darauf, in einer sicheren, vertrauens-, rücksichts- und liebevollen Umgebung aufzuwachsen.

Warwick: »Ich fragte einen gewalttätigen Vierzehn-jährigen nach der Ursache seiner Aggressivität. Er dachte eine Weile nach und sagte dann abrupt, mit belegter Stimme: ›Als ich drei Jahre alt war, hielt mir der damalige Freund meiner Mutter eine Pistole an die Schläfe und drohte, mich zu erschießen. Er tat das dreimal. Später wurde ich zu meinen Großeltern geschickt, weil es dort sicherer für mich war.‹«

Der Bub hätte dieser Furcht natürlich nie ausgesetzt und genauso wenig von seiner Mutter getrennt werden dürfen. Auch er hätte das Recht auf einen Vater gehabt, der ihm ein Gefühl von Sicherheit vermittelt.

In den ersten fünf Lebensjahren, die den Charakter prägen, sind Liebe, Geborgenheit und Bestätigung ganz besonders wichtig. Werden sie einem Kind vorenthalten, besteht die Gefahr, dass es den Rest seines Lebens unter diesen schlechten Erfahrungen leidet – und sie weitergibt. Beim Nestbau geht es darum, dass sich Ihr Kind stets gut behütet und versorgt weiß.

Zeigen Sie Ihre Liebe

Ein Kind, das geliebt wird, tut sich im späteren Leben sehr viel leichter. Therapeuten haben lange gerätselt, weshalb manche Menschen auf negative Erlebnisse ungleich drastischer reagieren als andere, die genau dieselben Erfahrungen locker wegstecken. Ein Grund liegt darin, dass Kinder, die in den ersten fünf Lebensjahren genügend Liebe und Streicheleinheiten erhalten, eine Art Immunität entwickeln. Reichlich Liebe wirkt also gleichsam wie eine Schutzimpfung gegen emotionale Schäden.

Indem wir unsere Kinder lieben, verstärken wir unsere eigene Liebesfähigkeit. Kinder öffnen uns das Herz. Lassen Sie es zu, denn diese Liebe erfüllt uns. Mittelbar wie unmittelbar berührt sie auch andere Menschen in unserer Umgebung, die unsere Liebe spüren und darauf mit positiven Gefühlen reagieren.

Liebe zeigt Ihrem Baby, dass es auf dieser Welt willkommen ist und dass es hier einen sicheren Platz hat. Je mehr Menschen Ihr Kind lieben, desto besser.

Jedes Kind hat ein Recht auf Familie

Mutter und Vater machen noch keine Familie. Zu einer Familie gehören außerdem Onkel und Tanten, Cousins und Cousinen sowie zwei Paar Großeltern. Jeder Verwandte hat seinen festen Platz im Familiengefüge, und jeder spielt eine wichtige Rolle für das Kind. Großväter können sagen, tun und lassen, was Väter nicht dürfen. Sie müssen sich nicht im selben Maß an die »Hausordnung« halten und können einem Kind auf ganz andere Art zeigen, wie sehr es geliebt wird.

Jedes Kind hat das Recht auf eine »Großfamilie«, die es fördert und unterstützt und in der es sich sicher und geborgen fühlt. Ein bedeutsamer Aspekt dieser Gemeinschaft ist ihre Vielgesichtigkeit: Die einzelnen Mitglieder nehmen verschiedene Rollen ein und repräsentieren unterschiedliche Charaktere, verkörpern zusammen aber Sicherheit. Falls Sie nur oberflächlichen Kontakt zu Ihren Verwandten halten, sollten sie diesen intensivieren. Laden Sie sie zu sich ein, und statten auch Sie ihnen Besuche ab. Unternehmen Sie etwas zusammen. Ich selbst bedaure es zutiefst, dass ich meine Großväter – und somit eine ganze Männergeneration – nicht persönlich kennen gelernt habe.

Männer können singen!

Leider haben viele Männer Hemmungen zu singen. Dabei ist Singen eine sehr natürliche Form, Freude zum Ausdruck zu bringen. Lassen Sie sich nichts einreden: Jeder Mensch kann singen. Stimmlage und Melodie sind nebensächlich – worauf es ankommt, ist allein die Freude daran, mittels Musik und der eigenen Stimme Gefühle zum Ausdruck zu bringen. Musik in Ihrem Inneren zu erzeugen und sie Ihrem Baby mitzuteilen, ist eine herrliche Möglichkeit, dem Kind Ihre Zuneigung zu zeigen. Am besten wählen Sie für das Neugeborene ein Lied und dann für jede Altersstufe ein anderes, aber begleiten Sie Ihr Kind auf jeden Fall mit Musik durch die ersten Lebensjahre. Außer ihm braucht Sie ja kein Mensch zu hören.

Wie Mann seine Eier der Bank verkauft

Ein Freund von mir hat den Spruch aufgebracht, wer eine Hypothek aufnehme, verkaufe der Bank eines seiner Eier. Hypotheken beeinflussen den Lebensstil und stellen die größte monatliche Belastung auf Ihrem Konto dar: Sie bedeuten Verantwortung tragen und eine Bindung eingehen. Geld aufnehmen kann einem das Gefühl geben, an Eigenständigkeit einzubüßen. Lassen Sie sich nicht zum Sklaven Ihres Hauses machen. Zudem meinten fast alle von uns befragten Personen, dass ein Vater eher weniger als mehr arbeiten solle. Nachfolgend einige Tipps, wie Sie trotzdem zu einem Eigenheim kommen können:

✗ Sparen Sie etwas an, damit Sie und Ihre Partnerin dem Baby viel Zeit widmen können.

✗ Legen Sie vorher zurück, damit Sie es sich leisten können, etwas weniger zu verdienen.

✗ Räumen Sie dem Rückzahlen der Hypothek Vorrang ein.

✗ Ziehen Sie in ein preiswerteres Haus.

✗ Ziehen Sie in eine/n kostengünstigere Stadt/Vorort.

✗ Melden Sie, falls Sie zwei Autos besitzen, eines davon ab und/oder kaufen Sie einen kleineren Wagen.

✗ Verbringen Sie Ihre Zeit mit Freunden, die Verständnis dafür haben, dass Sie sparen müssen.

✗ Verlängern Sie die Rückzahlungszeit für die Hypothek.

✗ Verringern Sie die monatlichen Rückzahlungsraten.

✗ Prüfen Sie, an welchen Kostenfaktoren Sie sparen können: Kreditkarten, Mitgliedsbeiträge, Zeitschriftenabos, Alkohol, Versicherungen usw.

Polsterarbeiten am Nest

Ist das Nest für Ihr Küken soweit fertig, müssen Sie es gut auspolstern und zu einem flaumigen gemütlichen Heim machen. Den meisten Vätern ist es ein inneres Bedürfnis, sich eigenhändig am Nest- bzw. Haus- und Wohnungsbau zu beteiligen. Manche bauen ein Zimmer oder eine Veranda an, andere renovieren einen Raum oder die gesamte Wohnung, Bad und Küche inklusive. Viele beziehen auch den Garten in ihr Werk ein, legen einen kleinen Küchengarten an, pflanzen Obst- oder andere Bäume. Glücklichen Gartenbesitzern raten wir, zumindest die Blumenbeete zu pflegen, Bäume und Sträucher in Form zu bringen, Blumenzwiebeln zu setzen und bunte Sommerblumen auszusäen und zu pflanzen, damit das Heim noch freundlicher wirkt.

Verschönerungsarbeiten

Häufig betrachtet die Frau das Einrichten des Kinderzimmers bzw. die gesamte Innendekoration als ihren Beitrag zum Nestbau. Unserer Erfahrung nach ist es am besten, wenn beide Partner sich absprechen und beraten. Dann trägt das äußere Ambiente auch die Handschrift der Mutter, und Sie als Vater haben ein Mitspracherecht bei der Raumausstattung. Viele Männer ziehen sich in diesem Stadium zurück, um die Inneneinrichtung der zu Frau überlassen. Das ist schade und weder der Beziehung noch der Wohnung förderlich. Fragen Sie sich daher regelmäßig:»Worin besteht mein Beitrag?« Sie können über Farben, Tapeten, Stoffe und Stilrichtungen diskutieren, ohne dass einer von Ihnen den Boss spielt. Was zählt ist, dass Sie beide das Gefühl haben, etwas beigesteuert zu haben.

Das ist wichtiger, als man meinen möchte. Mit dem Nestbau ist nämlich (unbewusst) stets auch ein Besitzanspruch auf das »Revier« und das Baby verbunden. Bestimmt hat die werdende Mutter bereits begonnen, Kleidung und Spielzeug für den Nachwuchs zu kaufen. Wenn Sie sich nicht rechtzeitig einschalten und Ihre Vorstellungen von Kinderzimmer und Schlafarrangement kundtun, geraten Sie von vornherein ins Hintertreffen. Selbstredend ist das kein Muss, aber wir raten Ihnen dringend, sich zumindest zu überlegen, ob Sie gleichgewichtig Anteil nehmen wollen oder nicht, und zwar an allen Räumen des Hauses bzw. der Wohnung. Spiegelt die Küche nicht nur feminine Ästhetik wider? Welche Elemente machen das Schlafzimmer auch zu Ihrem Rückzugsort? Wer hat Vorhänge, Teppich, Tagesdecke, Lampen, Gemälde und Fotos ausgesucht?

Machen Sie sich zu den folgenden Punkten ein paar (eigene!) Gedanken:

✗ Kinderzimmer und allgemeiner Raumbedarf

✗ Grundriss

✗ Farbe und Dekoration

✗ Möbel und Hilfsmittel

Nicht zu vergessen:
- ✓ Auto-Kindersitze
- ✓ Wiege/Kinderbett
- ✓ Kinderwagen
- ✓ Hochstuhl
- ✓ Adressen von Babysittern
- ✓ Spielsachen
- ✓ Kleidung
- ✓ Badewanne
- ✓ Babypuder etc.
- ✓ Bettzeug

Nestbau-Regeln:

- ✗ Streiten Sie nicht über den Nestbau – führen Sie angeregte Diskussionen.
- ✗ Genießen Sie es, einen Ort für Ihr Baby herzurichten.
- ✗ Kosten Sie es aus, es gemeinsam zu tun.
- ✗ Es muss nicht alles neu sein.
- ✗ Denken Sie daran, dass ein gemütliches, warmes, liebevoll bereitetes Nest besser ist als nagelneues, teures und kaltes Ambiente.
- ✗ Nestbauen macht Spaß! Lassen Sie ihn sich auf keinen Fall verderben.
- ✗ Leisten Sie kreative Beiträge. Sie sind schließlich nicht der Hausmeister.

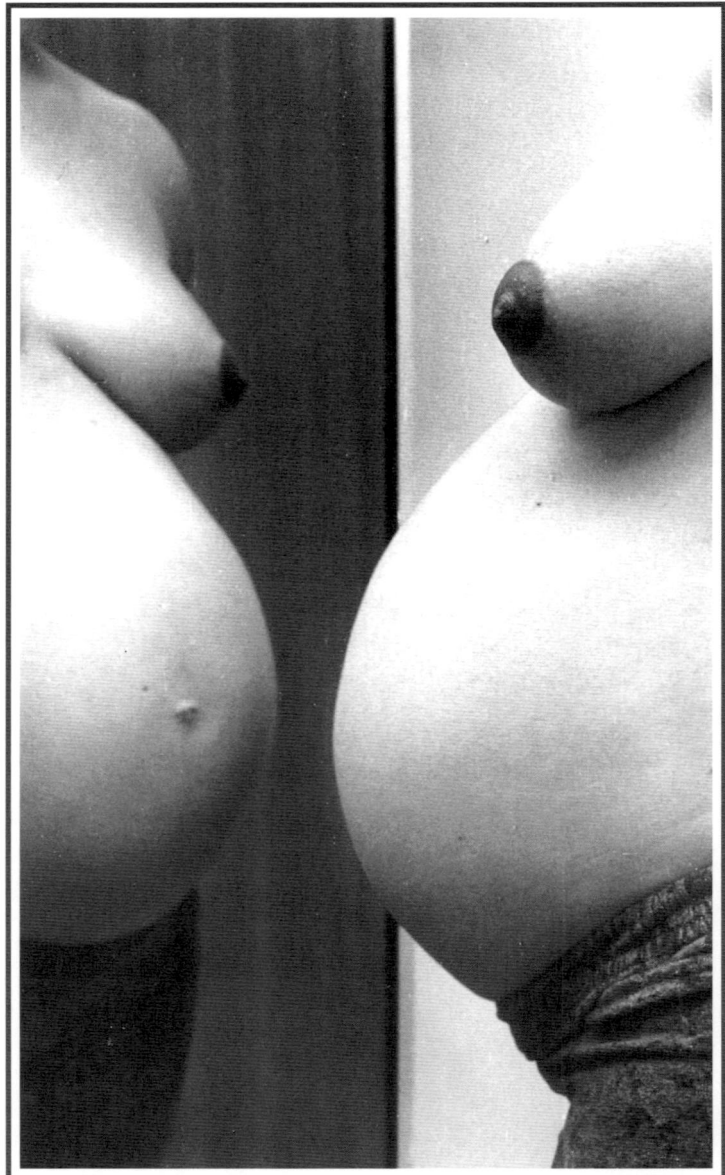

DIE DREI
STADIEN DER
SCHWANGERSCHAFT

Ganz allmählich
indes er sich zu einem Baby entwickelte
wurde ich zum Vater
Ganz allmählich
indes sie zur Mutter wurde
entwickelte ich mich zum Ehemann
Ganz allmählich
indes wir drei wurden
entwickelten wir uns zu einer Einheit

Halten Sie Schritt mit dem Wachstum des Bauches

Die neun Monate der Schwangerschaft werden gemeinhin in
dreimal drei Monate unterteilt, wobei jedes Schwangerschaftsdrittel seine speziellen Merkmale besitzt.

Das erste Schwangerschaftsdrittel

Entdeckung

Manche Männer ahnen es vom Augenblick der Zeugung an, andere erfahren es, wenn die Monatsblutung der Partnerin ausbleibt, und einige trifft die »frohe Nachricht« wie ein Donnerschlag aus heiterem Himmel. Wie auch immer: Ganz sicher wissen wir es erst, wenn der Schwangerschaftstest positiv ausfällt. Für die Frau, die gewöhnlich zuerst davon erfährt, ist es nicht leicht, dem Partner mitzuteilen, dass sie Nachwuchs erwartet. Ihm zu sagen, dass er Vater wird, bedeutet mehr als das bloße Übermitteln einer Botschaft: Diese Information wird das Leben von beiden, ihre Rollen und ihre Partnerbeziehung verändern. Nicht zuletzt die traditionelle Vorstellung, dass der Mann nun »ein hungriges Mäulchen stopfen« und »für eine Familie sorgen« müsse, trägt dazu bei, dass viele Frauen sich davor fürchten, ihr »süßes Geheimnis« zu lüften. Wird er sich darüber freuen? Oder ärgern? Wird er überwältigt sein oder sich geködert oder gar hintergangen fühlen?

Wie auch immer Ihre Reaktion: stehen Sie zu Ihren Gefühlen und zeigen Sie sie!

Möglicherweise ist es eine echte Überraschung. Womöglich wussten Sie gar nicht, dass sie schwanger werden wollte. Vielleicht aber haben Sie beide auch schon sehnlichst darauf gewartet.

Probleme mit der Akzeptanz?

Manche werdenden Väter springen regelrecht an die Decke vor Freude und begreifen die Nachricht als ein großes Glück und eine Chance für die Zukunft. Andere reagieren anfangs etwas zögerlich, möchten die Tatsache am liebsten verdrängen oder streiten die Vaterschaft schlichtweg ab. Der Grad der Akzeptanz hängt stets davon ab, wie willkommen die Neuigkeit ist.

Mark, ein werdender Vater: »Ich habe einige Wochen gebraucht, um mich an den Gedanken zu gewöhnen. Ein Kind war überhaupt nicht geplant. Wir wollten doch zuerst einmal reisen und ein Haus kaufen. Es war einfach besch... Ich bin immer noch verdammt sauer. Ich habe eine Abtreibung vorgeschlagen, aber das hat die Situation bloß verschlimmert. Wir werden das Kind wohl bekommen.«

Don, ein nachdenklicher Vater: »Ich hatte das Gefühl, um den Rest meines Lebens betrogen worden zu sein.«

Ben, ein werdender Vater: »Ich bin doch selbst noch nicht richtig erwachsen. Wie soll ich da ein Vater sein können?«

Rhys, ein werdender Vater: »Mann, endlich! Wir hatten so viel versucht und mitgemacht, ohne Gewissheit zu haben, dass es jemals klappen würde. Ich war derart glücklich, ich hätt's am liebsten laut in die ganze Welt hinaus posaunt!«

Nach Bekanntwerden der »anderen Umstände« gilt die Aufmerksamkeit naturgemäß in erster Linie der werdenden Mutter. Männer dagegen werden oft abgespeist mit saloppen, das Ereignis herunterspielenden Bemerkungen wie: »Na,

funktioniert ja doch alles!« oder: »Der erste Schritt zur Fuß-
ballmannschaft ist getan.«

Frauen tragen das werdende Leben in sich – vielleicht
brauchen Männer auch deshalb in aller Regel ein bisschen
länger, um sich an ihren neuen Status zu gewöhnen. Sie
können dies beschleunigen, indem Sie unter anderem offen
darüber sprechen, die Unterstützung anderer Männer suchen und Ihre Partnerin zu den Vorsorgeuntersuchungen
begleiten. Manche Männer akzeptieren ihre Vaterrolle voll-
auf erst im Augenblick der Geburt. Was wir damit sagen
wollen: Begleiten Sie von Anbeginn aktiv die Schwangerschaft – dann stellen Akzeptanz und (Vor-) Freude sich von
allein ein.

Ein süßes Geheimnis

Die Kunde von einer Schwangerschaft wird gewöhnlich mit
großem Hallo begrüßt. Es kommen Glückwünsche, Geschenke, wohlmeinende Ratschläge – und Vertreter, die Ihnen alles
Mögliche und Unmögliche andrehen wollen. Manchmal ist
es daher angebracht, das süße Geheimnis zumindest ein paar
Wochen lang für sich zu behalten. Ihre Verschwiegenheit hat
zudem den Vorteil, dass sie das Band der Liebe zwischen Ihnen und Ihrer Partnerin stärkt – wie gemeinsam gehütete
Geheimnisse es bekanntlich tun.

Ist die Neuigkeit dann publik, zeigen Sie sich im Gespräch
mit anderen unbedingt stolz und engagiert – ganz gleich was
Sie insgeheim fühlen. Lassen Sie nicht zu, dass alle Kompli-
mente an Ihre Partnerin gehen. Schließlich sind Sie genauso
an dem werdenden Leben beteiligt! Packen Sie die Geschenke
gemeinsam aus und erzählen Sie allen von Ihren Plänen.
Und sprechen Sie stets in der »Wir«-Form, wenn es um die
Schwangerschaft und das erwartete Kind geht.

Morgendliche Übelkeit

Die hormonellen Veränderungen im Körper der werdenden Mutter gehen mit verschiedenen Symptomen einher. Übelkeit, Erbrechen und ständige Müdigkeit sind vollkommen normale Begleiterscheinungen, ebenso Überempfindlichkeit und Widerwillen gegen bestimmte Gerüche, allgemeine Entschlusslosigkeit und manchmal sogar Ablehnung der Schwangerschaft. Gut zwei Drittel aller werdenden Mütter leiden unter diesen oder ähnlichen Beschwerden. Die bekannte »morgendliche Übelkeit« kann übrigens zu jeder Tageszeit auftreten und auch unterschiedlich lange anhalten. Ihre Partnerin braucht nun viel Nachsicht. Ihre Launenhaftigkeit dürfen Sie ihr jetzt nicht ankreiden. Sprechen Sie mit einem Freund, der bereits Vater ist, und üben Sie Toleranz. Meist lassen die oben genannten Symptome nach den ersten drei Monaten nach, aber es kann auch vorkommen, dass sie die gesamte Schwangerschaft begleiten.

Gesinnungswandel

In diesem Stadium der Schwangerschaft sind Frauen gewöhnlich introvertierter als üblich; manche ziehen sich sogar völlig in sich zurück. Gleichzeitig wirkt das Bewusstsein, dass im eigenen Leib ein eigenständiges Leben heranwächst und ein von Grund auf neuer Lebensabschnitt beginnt, emotional wie geistig beflügelnd. Es weckt die Erinnerung an die eigene Kindheit und regt die Frau zum Nachdenken über das weibliche Rollenverständnis an. Möglicherweise sucht Ihre Partnerin jetzt intensiveren Kontakt zu ihrer Mutter und anderen Frauen. Dies kann bewirken, dass Sie als Ihr Partner sich beiseite geschoben vorkommen oder gar argwöhnen, sie wolle das Baby nicht mit Ihnen teilen. Halten Sie sich in diesem Fall vor Augen, dass sie Ihnen bezüglich des Elternseins ein beträchtliches Stück voraus ist. Sie trägt nun einmal die süße »Last« unter dem Herzen und lebt bereits jetzt buchstäblich hautnah mit dem ungeborenen menschlichen Wesen zusammen.

Es kann durchaus geschehen, dass sich in diesem Stadium auch die Einstellung Ihrer Partnerin zu Themen wie Religion, Abtreibung, Krieg, Haustierhaltung, Familie und eigenen Kindheitserfahrungen verändert – und zwar höchstwahrscheinlich zum Konservativen hin. Eltern betrachten die Welt aus einem anderen Blickwinkel, und vielleicht wandelt Ihre Perspektive sich ebenfalls im Lauf der Zeit. Beobachten Sie diesen Gesinnungswandel und diskutieren Sie sich daraus ergebende Meinungsverschiedenheiten aus, aber lassen Sie es darüber nicht zum Streit kommen. Eine neue Denkweise kann auch ein Zeichen von Flexibilität sein. Teilen Sie einander mit, was Sie fühlen und denken, und belassen Sie es dabei.

Geburtsgestaltung

Machen Sie sich frühzeitig Gedanken darüber, auf welchem Weg Ihr Kind das Licht der Welt erblicken soll. Da die Geburt die Gesundheit der Gebärenden strapaziert, ist es wichtig, dass Sie auf die Sorgen und Ängste Ihrer Partnerin eingehen und auf ihre Wünsche Rücksicht nehmen. Zu den grundsätzlichen Möglichkeiten zählen:

✗ Hausgeburt

✗ Entbindung im Krankenhaus (stationär)

✗ Ambulante Entbindung

Wie soll das große Ereignis vor sich gehen? Hier nur einige Methoden:

❏ Normale Geburt

❏ Wassergeburt

88

❑ »Natürliche« Geburt (ohne jegliche medikamentöse
  Unterstützung)
❑ Alternative Geburtsmethoden

Wer soll bei der Geburt anwesend sein? Überlegen Sie, welchen Freund Sie um Beistand bitten möchten.

Schwangerschaftsabbruch

Abtreibungen müssen zu Beginn der Schwangerschaft vorgenommen werden, je frühzeitiger, desto besser. Sprechen Sie mit Ihrer Partnerin offen über diese Möglichkeit und halten Sie mit Ihrer Meinung nicht hinterm Berg. Es ist Ihr gutes Recht, sich dazu zu äußern. Diskutieren Sie den moralischen Standpunkt sowie die praktischen Folgen. Gleichgültig wie Ihre Entscheidung ausfällt – Sie müssen den Rest Ihres Lebens damit leben. Ob Geburt oder Abtreibung, man steckt weder das eine noch das andere mir nichts, dir nichts weg. Falls Sie sich für einen Schwangerschaftsabbruch entscheiden, sollten Sie das verlorene Leben anerkennen und sein Dahinscheiden betrauern.

Es gibt eine Reihe von Beratungsstellen, die Betroffenen helfen, sich mit den körperlichen, emotionalen und moralischen Folgen einer Abtreibung auseinander zu setzen. Scheuen Sie sich nicht, gegebenenfalls eine dieser Stellen aufzusuchen.

Fehlgeburten

Fehlgeburten stehen leider auf der Tagesordnung. Für den Fall, dass Sie diese traurige Erfahrung machen, möchten wir Ihnen zwei Ratschläge ans Herz legen. Der erste lautet: Unterstützen Sie Ihre Partnerin in ihrer Trauer. Ein lebendiges Wesen ist gestorben. Zweitens sollten auch Sie selbst trauern: Vernachlässigen Sie über der Sorge um Ihre Frau nicht Ihre eigenen Gefühle. Ob Sie psychologische Hilfe suchen oder in die nächste Bar gehen und leise in Ihr Bier weinen – nehmen Sie Abschied und sagen Sie den verlorenen Möglichkeiten Adieu.

Das zweite Schwangerschaftsdrittel

Zwischen dem vierten und sechsten Monat wächst das Baby von fünf auf dreißig Zentimeter und vervielfacht sein Körpergewicht um rund 1500 Prozent! Es schwimmt jetzt im Fruchtwasser und wird über Plazenta und Nabelschnur mit Nährstoffen und Sauerstoff versorgt. Über die Plazenta, den Mutterkuchen, gelangen die Nährstoffe, die die Mutter zu sich nimmt, zum Baby. Alles, was die Mutter aufnimmt, erreicht innerhalb von Minuten oder gar Sekunden auch das Kind, weshalb gesunde Ernährung wichtig ist und der Genuss von Koffein, Alkohol, Nikotin etc. reduziert oder am besten völlig eingestellt werden sollte. Untersuchungen zufolge zeigen Föten von Raucherinnen deutliches Unbehagen, wenn sich die Mutter eine Zigarette anzündet.

Auch Stress überträgt sich augenblicklich auf das Ungeborene – ein Grund mehr, Ihre Vaterschaft ernst zu nehmen: Sie können dazu beitragen, eine Atmosphäre der Ruhe und Sicherheit zu schaffen, in der sich die Mutter geliebt und geborgen fühlt. Diese wirkt sich auch auf das Kind positiv aus: Studien belegen einen Zusammenhang zwischen emotionalen Störungen und verminderter Konfliktfähigkeit von Kindern und Jugendlichen einerseits und einer stressbehafteten, traumatischen Schwangerschaft ihrer Mutter andererseits.

Während dieser Zeit wächst der Bauch der werdenden Mutter sichtbar, während Erschöpfungszustände und Übelkeit in aller Regel nachlassen. Insgesamt berichten Frauen, sich in diesem Schwangerschaftsabschnitt besonders zufrieden, gesund und energiegeladen zu fühlen.

Aktive Lebenszeichen: Strampeln

Im zweiten Schwangerschaftsdrittel wird das Baby merklich aktiver. Mit seiner Entwicklung wächst auch die emotionale Bindung an das Kind. Ganz wichtig für den werdenden Vater ist das erste spürbare Strampeln: das erste Zeichen eines lebenden Individuums.

> **Lyle, ein frisch gebackener Vater:** »Als der Kleine gegen meine Hand trat, passierte etwas zwischen ihm und mir. Mit einem Mal konnte ich mir vorstellen, dass es ihn wirklich gab.«

Ältere Leute

Wenn ein Paar ein Kind erwartet, weckt dies bei älteren Menschen gewöhnlich Erinnerungen an ihre eigenen Erlebnisse. Für die werdenden Großeltern gilt dies natürlich erst recht. Kaum etwas schweißt eine Gemeinschaft bzw. den Familienverband enger zusammen als die Geburt eines neuen Mitglieds. Geburten gehören zu den eindrucksvollsten Erfahrungen. Hören Sie einfach zu, was die alten Herrschaften erzählen; wird es Ihnen zuviel, können Sie modernere Standpunkte einflechten oder unauffällig das Thema wechseln. Danken Sie ihnen für ihre Ratschläge, und lassen Sie alles andere mit einem freundlichen »Danke, ich werde es mir überlegen« an sich abprallen.

Gefühlslagen des Vaters

Ein Kind zu bekommen ist für Männer eine ideale Chance, sich emotional zu öffnen. Nutzen Sie sie! Sprechen Sie mit

Ihrer Partnerin mehr (und offener!) über Ihre Gefühle und Gedanken. Das tut Ihnen und Ihrer Rolle als Vater nicht bloß jetzt, sondern auch in Zukunft gut. Im Lauf des zweiten Schwangerschaftsdrittels beginnen Väter gewöhnlich, das Wunder des Lebens zu begreifen und eine neue Einstellung allem Lebendigen gegenüber zu gewinnen. Vielleicht wird Ihnen jetzt bewusst, wie verletzlich Kinder sind und welcher Fürsorge sie bedürfen. Keimen in Ihnen Eifersuchtsgefühle auf, dann sprechen Sie darüber mit Ihrer Partnerin oder mit (männlichen) Freunden. Anderen Frauen gegenüber sollten Sie sich besser zurückhalten.

Sexy Zeiten

Die Chancen stehen gut, dass Ihr Liebesleben in dieser Phase Funken sprüht. Denn Sie und Ihre Partnerin sind jetzt voller Energie und durch das gemeinsam gezeugte Kind inniger verbunden als je zuvor. Durch das Gefühl, begehrt zu werden, kann die Frau die Umstellungen, die in Ihrem Körper stattfinden, leichter verarbeiten. Ein gesundes Liebesleben wird ein noch engeres Band zwischen Ihnen beiden knüpfen. Behalten sie es bei und genießen Sie es. Abgesehen von möglichen Unbequemlichkeiten im Endstadium der Schwangerschaft spricht nichts dagegen. Also keine Angst: Sex kann Mutter und Kind nicht schaden.

Keine reine Frauensache: Schwangerschaftsberatung

Fast überall werden so genannte Geburtsvorbereitungskurse angeboten, die werdende Eltern über Veränderungen und mögliche Probleme und Risiken während der Schwangerschaft und Entbindung aufklären sowie Ratschläge für die erste Zeit nach der Geburt geben. Früher wurden Männer, die an solchen Kursen teilnehmen wollten, scheel angesehen oder gar rigide abgewiesen. Das hat sich zum Glück geändert, wenngleich die werdenden Väter immer noch viel zu selten und inaktiv in Schwangerschaft und Geburt einbezogen werden. Die Einstellung, dass die Frau das Kind bekommt und der Vater mit der Zeugung erst einmal seine Aufgabe erfüllt hat, ist überholt. Gehen Sie dagegen an. Schließlich bekommen beide den Nachwuchs, und beide müssen für ein geschütztes, gemütliches Nest sorgen.

Andy über seine Erfahrungen in einem Geburtsvorbereitungskurs: »Wir mussten dasitzen wie brave Schulbuben, denen man gnädig erlaubt, Mama die Hand zu halten. Die Kursleiterin, eine Hebamme, wandte sich fast ausschließlich an die Frauen und speiste uns Männer mit ein paar halb schulmeisterlichen, halb herablassenden Bemerkungen ab. Sie vermittelte den Eindruck, dass Väter eigentlich gar keine Rolle spielen.«

Es liegt an Ihnen, ob Sie das Heft in die Hand nehmen oder nicht. Lassen Sie sich nicht das Gefühl vermitteln, Ihre Anwesenheit sei nebensächlich. Melden Sie sich zu Wort, stellen Sie Fragen und äußern Sie Ihre Meinung. Sagen Sie beispielsweise:

»Ich als Vater empfinde das ....«

»Aus Sicht des Mannes erscheint es mir ...«

»Wie sollte man sich als Vater in dieser Situation verhalten?«

Ihre Kommentare und Fragen können den Verlauf einer Schwangerschaftssprechstunde gewaltig beeinflussen – zum Vorteil aller Beteiligten.

Finanzen: Sparen mit Spaß

Jetzt ist es an der Zeit, darüber nachzudenken, wie Sie das Leben nach der Geburt gestalten wollen. Ständig hören wir Männer klagen, sie hätten sich nicht genug Zeit für ihr kleines Baby und ihre junge Familie genommen. Verbringen Sie zumindest die erste Woche mit dem Neugeborenen und Ihrer Partnerin bzw. Familie zu Hause. Häufig gibt es Arbeiten rund ums Haus oder die Wohnung, die Sie selbst erledigen können, normalerweise aber (teuren) Handwerkern überlassen hätten. Wenn Sie jetzt solche Reparaturen selbst ausführen, schlagen Sie zwei Fliegen mit einer Klappe: Sie sparen Geld und können mit Ihren Lieben zusammen sein.

Seinen Lebensstil einem schmaleren Budget anzupassen, mindert keinesfalls notwendigerweise die Lebensqualität. Im Gegenteil: Häufig gewinnt man dadurch sogar. Mehr zu Hause zu sein, Dinge eigenhändig zu erledigen, zu improvisieren, Probleme möglichst kreativ zu lösen und selbst für Unterhaltung und Spaß zu sorgen, dies kommt in aller Regel der Partnerschaft zugute, stärkt das Zusammengehörigkeitsgefühl und fördert Eigenverantwortung und Unabhängigkeit.

Zeit zum Nachdenken

Damit ein Mann immer weiß, wo er steht, sollte er in der Lage sein, Folgendes zu tun:

✗ Innehalten und nachdenken

✗ Sich selbstkritisch beobachten

✗ Mitgefühl für andere entwickeln

Wer eine junge Familie zu ernähren und sich mit seiner neuen Rolle als Vater vertraut zu machen hat, vergisst darüber leicht, sich Zeit für sich selbst zu nehmen und seinen Werdegang zu überdenken. Dabei ist es für jeden Menschen ungeheuer wichtig, sein eigenes Leben zu reflektieren und zu überlegen, wie es sich besser gestalten ließe. So lernen wir, unser Leben in den Griff zu bekommen und mögliche Krisen erst gar nicht entstehen zu lassen.

Indem Sie sich regelmäßig unter die Lupe nehmen und fragen: »Gebe ich mein Bestes?«, bleiben Sie flexibel und tun gleichzeitig etwas für Ihr Selbstwertgefühl – weil Sie eben wissen, dass Sie Ihr Bestes geben.

Zeigen Sie Mitgefühl. Das geht am einfachsten, wenn Sie sich in andere Menschen hineinversetzen. Stellen Sie sich Fragen wie: »Wie würde meine Partnerin sich fühlen ...?«, »Was würde sie denken, wenn ...?« Stellen Sie sich vor, wie das Neugeborene seine Umgebung wahrnehmen wird.

Setzen Sie sich hin, hören Sie Ihre Lieblingsmusik und denken Sie in Ruhe über alles nach. So wird das Leben noch lebenswerter. Suchen Sie sich ein Plätzchen im Freien, an das Sie sich gelegentlich allein zurückziehen können.

Schmieden Sie gemeinsam Pläne

Haben Sie über Ihr Leben nachgedacht, reden Sie mit Ihrer Partnerin darüber. Unterhalten Sie sich, nur Sie beide. Dieses zweite Schwangerschaftsdrittel bietet sich vorzüglich dazu an, Pläne zu schmieden und festzulegen, wann Sie welches Ziel erreicht haben wollen. Planen Sie unbedingt alles gemeinsam. Das bringt Sie einander noch näher.

Das dritte Schwangerschaftsdrittel

Körperliche Beschwerden

Im letzten Schwangerschaftsdrittel lässt sich die Tatsache, dass Sie demnächst Vater sein werden, nicht länger ignorieren. Der Umfang Ihrer Partnerin erinnert Sie ständig daran. Der Bauch der Mutter ist nicht zu übersehen. Ihr Magen wird nach oben gedrückt, wodurch Nahrung weniger Platz findet. Sodbrennen und Verdauungsstörungen sind eine weit verbreitete Folge. Die Verdauung geht langsamer vonstatten, was zu Verstopfung und Hämorriden führen kann. Auch auf die Blase drückt das Kind, weshalb häufige Toilettengänge angesagt sind. Hinzu kommen Schwindel, Muskelkrämpfe und Kopfschmerzen. Viele Schwangere schlafen schlecht und fühlen sich in ihrer Bewegungsfreiheit eingeschränkt; manchmal können sie sich nicht mehr ohne Hilfe aus Liege- und tiefen Sitzpositionen erheben. Schlaf- und Nährstoffmangel (das Baby verbraucht jetzt zunehmend mehr) lassen die werdende Mutter rasch ermüden. Möglicherweise schwellen Füße, Knöchel und Beine an; auch Krampfadern sind keine Seltenheit. Die Frau hat das Gefühl, von innen ständig getreten zu werden.

Womöglich kommt Ihre Partnerin sich unattraktiv vor und, wenn sie zu arbeiten aufhört, auch unnütz. Hier müssen Sie einspringen, sie liebevoll aufbauen und bestärken. Zeigen Sie ihr, wie sehr Sie die Weiblichkeit schätzen, die nur eine hoch schwangere Frau auszustrahlen vermag. Sagen Sie ihr, wie großartig Sie alles macht, und dass Sie ihre körperlichen Probleme zu verstehen versuchen.

Die männliche Psyche: Vater werden ist nicht leicht

Die Tatsache, dass die Partnerin zunehmend abhängig von ihnen wird, macht manchen Männern schwer zu schaffen. Besonders betroffen sind natürlich diejenigen, die es gewohnt waren, von ihr verhätschelt und umsorgt zu werden. Jetzt stellt sich heraus, ob es Ihnen gelungen ist, erwachsen zu werden und auf eigenen Füßen zu stehen. Selbst wenn Sie im Beruf stark gefordert sind, kommen Sie nicht umhin, mehr Arbeiten im Haushalt zu übernehmen. Und all das bei weniger Schlaf und einer unzufriedenen, bisweilen gereizten Partnerin. Ein werdender Vater hat es nicht leicht! Dazu mögliche

sexuelle Frustration, die Umstellung auf die neue Rolle sowie familiärer und finanzieller Druck – man muss schon »ein ganzer Mann« sein, um unter solchen Umständen Gefühle von Glück und Geborgenheit zu verbreiten ...
Was tun? Nun, Sie haben es leichter, wenn Sie auf all dies vorbereitet sind. Auch die Unterstützung anderer Männer, sei es aus dem Familien- oder Freundeskreis, tut dem jetzt gefragten »Supermann« gut. Sie brauchen männliche Freunde, die für Ihre Probleme Verständnis aufbringen und Ihnen mit Rat und Tat zur Seite stehen. Manchmal hilft es schon zu wissen, dass es nicht nur einem selbst so geht und es völlig normal ist, sich in dieser Situation bisweilen überfordert zu fühlen. Sicher haben Ihre Freunde außerdem den einen oder anderen Tipp parat.

Freudige Erwartung, Aufregung und eine nicht geringe Portion Angst sind in dieser Zeit vollkommen verständliche Gefühle. Die größten Sorgen gelten gewöhnlich der Gesundheit von Mutter und Kind; oft fallen einem alte Berichte über Frauen ein, die im Kindbett starben. Obwohl Ihre Partnerin sich in den Händen von Spezialisten befindet, stellt sich ein gewisses Gefühl der Machtlosigkeit ein, weil Sie selbst nichts für sie tun können. Trösten Sie sich mit dem Wissen, dass in Anbetracht der Fortschritte der Medizin eine Entbindung heutzutage nur in äußerst seltenen Ausnahmefällen das Leben der Mutter akut bedroht.

Not macht erfinderisch, auch beim Sex

Die meisten Paare schlafen im letzten Schwangerschaftsdrittel immer seltener miteinander. Dabei ist allenfalls der Bauchumfang der Frau ein Hindernis, das sich durch bestimmte Stellungen aber leicht umgehen lässt. Sex kann sogar auch jetzt sehr gut für Sie beide sein – und für das Baby. Er entspannt, und nach der 39. Woche sorgt ein aktives Liebesleben dafür, dass der Embryo nicht zu lange in seiner warmen Höhle bleibt. Ihr Samen enthält nämlich ein schwaches Hormon, das den Muttermund weicher macht und auf die Wehen vorbereitet.

Dass Sie beim Liebemachen Stellungen ausprobieren, die auf den wachsenden Bauch Ihrer Partnerin Rücksicht nehmen, und dass Sie zärtlich sind, versteht sich wohl von selbst. Achten Sie auf eventuelle Zeichen des Unbehagens Ihrer Partnerin. Viele Paare bevorzugen »es« jetzt seitlich oder von hinten: eine wunderschöne Art, die Dreisamkeit zu genießen. Und wie wär's, wenn Sie dabei eine lustige Unterhaltung mit dem Baby führen?

Gefahren

Jetzt bemerkt jeder Mensch den Bauch – was dazu führt, dass man Ihre Partnerin automatisch zur »werdenden Mutter« stempelt und Sie (fast ebenso automatisch) aus der Unterhaltung ausschließt. Manchen Männern wird es daher zum unwiderstehlichen Bedürfnis, die Aufmerksamkeit auf sich lenken; dabei lassen sie sich zu Verhaltensweisen hinreißen, die gar nicht ihrem Naturell entsprechen. Besonders schwer wiegen die Folgen, wenn sie sich in die Arme einer anderen Frau stürzen. Einige Männer fühlen sich von der Rolle des Beschützers und Ernährers überfordert und flüchten sich in die Arbeit, in Reisen, Vergnügungen oder Alkohol – oder entziehen sich sogar durch Trennung. Welches Problem auch immer Ihnen zusetzt: Wir empfehlen Ihnen dringend, gegebenenfalls rechtzeitig den Rat von (männlichen) Freunden oder professionelle Hilfe zu suchen.

»Nichts Größeres kann ein Vater für seine Kinder tun,
als ihre Mutter zu lieben.«

Theodore Hesburgh

Viele Merkmale der ersten beiden Schwangerschaftsdrittel begleiten auch die letzten drei Monate, zumeist allerdings ausgeprägter. Denken Sie stets daran, dass das Allerwichtigste eine gute, einvernehmliche und harmonische Beziehung zu Ihrer Partnerin ist. Dies wird Ihnen übrigens auch bei der bevorstehenden Entbindung helfen, den Stress beträchtlich zu mindern.

DAS LEBEN ALS WERDENDER VATER

Eines Vaters Arme
Meine Arme sind gewachsen,
Um ihren riesigen Bauch bei Nacht umfangen zu halten.
Unglaublich, wie meine Arme gewachsen sind.

Neun Monate Zeit zum Umdenken

Babys passen sich nicht an vorgegebene Lebensstile an – sie
ändern sie. Dafür sollten wir ihnen dankbar sein, denn auch
dadurch verleihen sie unserem Leben neue Bedeutsamkeit
und lehren uns, uns bewusst um andere zu bekümmern. Nun
hat es die Natur so eingerichtet, dass Sie rund neun Monate
Zeit haben, sich auf diese gewaltige Umstellung vorzubereiten. Dabei gilt es eine Reihe ganz unterschiedlicher Dinge zu
berücksichtigen.

Bauen Sie eine Beziehung zu Ihrem Baby auf

Schon während der Schwangerschaft lässt sich ein Gefühl der innigen Verbundenheit mit dem Kind herstellen, das Gefühl, dass es ein Individuum und nicht »bloß« ein Baby ist. Möglicherweise bekommen Sie ein etwas flaues Gefühl in der Magengrube, wenn Sie sich bewusst machen, dass dieser Mensch sein Leben Ihnen verdankt – und nicht irgendein beliebiges Kind ist. Zwischen ihm und Ihnen besteht eine Beziehung, die etwas ganz Besonderes ist: Sie öffnet Ihnen das Herz für das Baby. Damit vollbringt sie, was Sie sich von Ihrem Vater gewünscht haben. Ein Interviewpartner hat uns gestanden, dieses Gefühl erst empfunden zu haben, als sein Kind bereits sieben Jahre alt war. Andere Väter gaben an, diese Regung schon bei der Zeugung gespürt zu haben.

> **Nigel:** »Ich wusste, dass wir ein Kind gezeugt hatten.
> Ich wusste es an dem Tag, an dem es geschah. Und ich
> spürte, dass es mein Kind war, wirklich meines.«

Bei den meisten Männern freilich entsteht und wächst das Gefühl der Verbundenheit allmählich im Lauf der Schwangerschaft. Wir möchten Ihnen Folgendes vorschlagen:

✗ Sprechen Sie mit dem Kind im Mutterleib. Gewöhnen Sie sich getrost »Duziduzidus« und anderen Unsinn an. Führen Sie fiktive Gespräche mit ihm. Erzählen Sie ihm Märchen. Berichten Sie ihm, was Sie alles für seine Ankunft vorbereiten. Singen Sie Ihrem Kind etwas vor. Die Wissenschaft ist sich ziemlich sicher, dass Ungeborene Töne und Schwingungen hören und später, als Heranwachsende, auf Wörter, Stimmen und Töne, die sie im Mutterleib vernommen haben, besonders intensiv reagieren.

✗ Geben Sie dem Kind Namen, damit es kein »es« bleibt. Überlegen Sie sich zusammen mit Ihrer Partnerin einen Kosenamen, den Sie beide benutzen, wenn Sie über das erwartete neue Familienmitglied sprechen.

✗ Legen Sie sich mit Ihrer Partnerin Bauch an Bauch. Spüren Sie das Leben zwischen den beiden Körpern wachsen, denen es sein Dasein verdankt.

✗ Umarmen Sie Ihr Baby im Bauch seiner Mutter. Streicheln und massieren Sie es sanft.

✗ Bitten Sie die Hebamme, Ihnen zu helfen, Kopf und Rücken zu ertasten.

✗ Spüren Sie, wie das Ungeborene strampelt und sich bewegt.

✗ Erzählen Sie Ihrer Partnerin, was das Baby Ihrer Ansicht nach gerade denkt.

✗ Legen Sie Ihr Ohr an den Bauch der Mutter und horchen Sie.

✗ Stellen Sie sich vor, dass auch das Baby die Mahlzeiten genießt, die Sie für Ihre Partnerin zubereiten.

✗ Manche werdenden Väter kaufen ein Spielzeug, einen Hut, einen Ball und ähnliche Dinge ein, die eigentlich für ein Kleinkind oder gar Schulkind gedacht sind. Auch wenn dies Außenstehenden merkwürdig oder unpassend erscheint: Es ist okay. Es ist eine Art und Weise, eine Beziehung zu Ihrem Kind herzustellen, die Ihre Hoffnungen für die Zukunft zum Ausdruck bringt. Außerdem ist es ein freudiger Vorgriff auf die Zeit, in der Ihr Sprössling weniger von seiner Mutter abhängt.

✗ Hängen Sie Ultraschallbilder auf, damit Sie Ihr Baby schon vor der Geburt konkret vor Augen haben.

Suchen Sie die Unterstützung junger Väter

Vatersein ist eine Männeraufgabe, also suchen Sie dafür nicht den Beistand von Frauen. Und versuchen Sie es auch nicht im Alleingang. Es ist nicht gut, wenn Männer die Vaterschaft einzig aus weiblicher Sicht kennen lernen. Trotzdem folgen viele Väter in allem dem Vorbild und den Ratschlägen Ihrer Partnerin, was diese aber meist gar nicht so sehr schätzt. Überdies kann ein solches Verhalten womöglich postnatale Depressionen der Frau verstärkt.

Es ist vollkommen natürlich und normal, mit männlichen Freunden über derlei Dinge zu reden. Suchen Sie sich Ihre Gesprächspartner jedoch mit Verstand aus: Es sollten Männer sein, die Sie positiv bestärken, offen und aufrichtig sind und verstehen zuzuhören. Sprechen Sie mit Ihren Brüdern und anderen männlichen Familienmitgliedern – schließlich geht es um eine Familienangelegenheit. Reden Sie miteinander darüber, lachen Sie gemeinsam und stellen Sie all die Fragen, die Ihnen auf der Seele liegen.

Wenn Sie einen Sportwettkampf, einen Angelausflug oder eine Konferenz absagen müssen, weil Ihr Baby in dieser Zeit zur Welt kommen soll, dann tun Sie's mit Stolz. Begegnen Sie möglichen abwertenden Bemerkungen mit Humor, aber vergessen Sie darüber nicht, auch Ihre von Herzen kommende Freude zu zeigen.

Informieren Sie sich über Schwangerschaft und Geburt

Über Schwangerschaft und Geburt gibt es unzählige gute Bücher. Besorgen Sie sich ein paar davon. Prägen Sie sich die wichtigsten medizinischen Begriffe ein, damit Sie verstehen, wovon das Geburtshelferteam spricht, und mitreden können. Indem Sie sich informieren, bereiten Sie sich auf das große Ereignis vor. Sie werden in Notfällen überlegter reagieren und sich besser für Ihrer beider Interessen einsetzen können. Angesichts der Fülle lesenswerter Literatur zu diesem Thema wollen wir hier nicht weiter ins Detail gehen; uns liegt in erster Linie daran, Sie in Ihrer Vaterrolle auf die Veränderungen vorzubereiten, die diese Zeit mit sich bringt.

Wählen Sie gemeinsam den richtigen Geburtshelfer

Ihre Partnerin muss eine Hebamme oder einen Arzt bzw. eine Ärztin wählen, die/der die Vorsorgeuntersuchungen durchführt, bei der Entbindung anwesend ist und Mutter und Kind nach der Geburt weiter betreut. Diese Wahl ist nicht einfach, aber ungeheuer wichtig. Denn auch Hebammen und Ärzte/Ärztinnen sind nun einmal nur Menschen und damit unterschiedliche Charaktere, die überdies sehr verschiedenen Lehren anhängen. Wir empfehlen Ihnen, sich rechtzeitig umzuschauen und allen, die in Frage kommen, einige direkte Fragen stellen:

✗ Wie viel Zeit nehmen Sie sich für eine Vorsorgeuntersuchung?

✗ Welche Einstellung haben Sie zu Schmerzbekämpfung?

✗ Wie viele postnatale Besuche machen Sie durchschnittlich?

✗ Welche Rolle räumen Sie dem Vater bei der Entbindung ein?

✗ Vorausgesetzt, alles verläuft normal: Was würden Sie davon halten, wenn ich (der Vater) das Baby auf die Welt holte?

✗ Sind Sie für Epiduralanästhesie qualifiziert?

✗ In welcher Klinik haben Sie Belegbetten bzw. mit welcher Klinik arbeiten Sie zusammen?

✗ Wie stehen Sie zu Hausgeburten?

Welchen Eindruck gewinnen Sie? Sind Hebamme oder Arzt/Ärztin dafür oder dagegen, dass Sie an der Geburt partizipieren? Auch heute noch betrachten einige Schwangerschaft und Geburt nicht als gemeinsame Angelegenheit der Eltern und versuchen, den Vater auszuschließen. In der Regel werden Sie sich für die Person entscheiden, bei der Sie und Ihre Partnerin ein »gutes Gefühl« haben. Denn diese Person wird Zeuge eines der intimsten Momente Ihres Lebens sei.

Begleiten Sie Ihre Partnerin zu den Vorsorgeuntersuchungen

Ist der/die geeignete Geburtshelfer/in gefunden, sollten Sie Ihre Partnerin zu den Vorsorgeuntersuchungen begleiten. Legen Sie die Termine nötigenfalls in Ihre Mittagspause oder kurz nach Dienstschluss – aber gehen Sie unbedingt mit. Dies ist allein deshalb wichtig, weil Sie so den/die Geburtshelfer/in näher kennen lernen.

> **Ben, der nie am Geburtsvorbereitungskurs teilgenommen hatte, war entsetzt:** »Als es losging, redeten sie über blutige Schleimabsonderungen, Hämorriden und Brustwarzen, und ich stand daneben wie ein Volltrottel. Die zwei kamen mir vor wie eine verschworene Gemeinschaft. Ich fühlte mich total ausgeschlossen.«

Begreifen Sie sich bei den Untersuchungen als Paar, das gemeinsam ein Kind bekommt. Setzen Sie sich in die Nähe Ihrer Partnerin, damit der/die Geburtshelfer/in Sie beide gleichzeitig ansprechen kann. Stellen Sie Fragen, und bitten Sie darum, Ihnen die Lage des Babys genau zu zeigen.

Finden Sie einen Namen

Die Namensfindung kann Sie beide über Stunden, wenn nicht Tage oder Wochen beschäftigen und ungeheuer viel Spaß machen. Amüsieren Sie sich, aber einigen Sie sich ·schließlich auf einen Namen und halten Sie bedingungslos an ihm fest, sonst wird sich Ihr gesamter Familien- und Freundeskreis einmischen und mit den abstrusesten Vorschlägen aufwarten. Fast alle Paare entscheiden sich lange vor der Geburt für einen Namen, einige dagegen erst während der Entbindung. Und ein paar warten damit sogar, bis das Kind auf der Welt ist – entweder weil sie sich nicht zu einer Entscheidung haben durchringen können oder weil sie das Baby erst einmal sehen und im Arm halten möchten.

Sie können die Namensfindung strategisch oder spontan angehen:

Wenn Sie lieber gezielt vorgehen wollen, dann verfassen Sie eine Liste mit allen Mädchen- bzw. Bubennamen, die Ihnen einfallen. Ziehen Sie ruhig eines der Namensbücher zu Rate, die in jeder Bücherei stehen, aber natürlich auch über den Buchhandel erhältlich sind. Informieren Sie sich unbedingt über Herkunft und Bedeutung des Namens. Irgendwann wird Ihr Kind Sie unweigerlich fragen, was sein Name bedeutet. Eine unbedachte Wahl könnte dazu führen, dass es sich lächerlich vorkommt, von anderen Kindern gehänselt wird oder sich gar gebrandmarkt fühlt. Sobald die Liste steht, streichen Sie alle Namen, die einem von Ihnen überhaupt nicht gefallen. Übrig bleibt eine Aufstellung der in Frage kommenden Optionen. Nehmen Sie sich Zeit und denken Sie in Ruhe darüber nach. Im Lauf der nächsten Wochen werden Sie wahrscheinlich neue Namen anfügen und andere durchstreichen. Der unaufhaltsam näher rückende Geburtstermin sorgt für den nötigen Druck, eine endgültige Entscheidung zu fällen.

Der spontane Weg ist das Richtige für entscheidungsfreudige Leute, denen ohne Zögern der optimale Name einfällt und die unverbrüchlich daran festhalten, ohne dass jemals der geringste Zweifel aufkäme.

In zahlreichen Familien haben bestimmte Namen und Namenskonstellationen Tradition. So erhalten viele Kinder als ersten oder zweiten Vornamen den eines Eltern- oder Großelternteils, eines Onkels oder einer Tante. Unseres Erachtens ist das keine schlechte Idee, da es die Familienbande stärkt. Denken Sie daran, dass Sie Ihrem Kind einmal Rede und Antwort stehen und ihm erklären müssen, weshalb Sie diesen und keinen anderen Namen gewählt haben und welche Geschichte mit ihm verbunden ist. Machen Sie sich also rechtzeitig kundig.

Bei der Namensfindung kann es leicht zu Machtspielchen kommen. Sie tun gut daran, stets das Wohl Ihres gemeinsamen Kindes im Auge zu behalten. Und vergessen Sie nicht, dass die Bereitschaft und Fähigkeit, sich auf einen Namen zu einigen, als Test dafür gelten kann, inwieweit Sie tatsächlich gewillt sind, Ihrem Nachwuchs in gemeinschaftlicher Arbeit ein harmonisches Zuhause zu bereiten.

Erstellen Sie einen »Geburtsplan«

Zu den Aufgaben von Geburtshelfern gehört es, den Ablauf der Geburt mit den werdenden Eltern durchzusprechen und alle Punkte mit ihnen durchzugehen. Nutzen Sie die Gelegenheit, und legen Sie Ihre Wünsche fest. Das ist wichtig, denn obzwar die Natur nun einmal das letzte Wort hat, können Ihre Vorstellungen und Erwartungen den Verlauf wesentlich bestimmen. Je genauer Sie wissen und sagen, was Sie wollen, desto größer die Chance, dass die Entbindung auch ebenso abläuft. Klären Sie Themen wie:

✗ Atmosphäre des Raums

✗ Methoden der Schmerzlinderung

✗ Kulturelle und/oder religiöse Bedürfnisse

✗ Einsatz von Medikamenten

✗ Dauer des Krankenhausaufenthalts

✗ Betreuung Ihrer anderen Kinder

✗ Entbindungsmethoden

✗ Wo soll die Geburt stattfinden?

✗ Wer soll zugegen sein, um Ihnen moralischen Beistand zu leisten?

Das Geburtshelferteam ist verpflichtet, sich weitgehend an Ihre Vorgaben zu halten. Geschieht im Lauf der Entbindung etwas, was Sie nicht besprochen haben, können Sie mit ruhiger Stimme darauf hinweisen und nach dem Grund fragen. Es ist Ihre Pflicht, sich umfassend zu informieren, und Ihr Recht, über alles genau aufgeklärt zu werden.

Sie als Vater haben die Aufgabe, der werdenden Mutter gezielt und verlässlich beizustehen. Ihre Partnerin braucht ständige emotionale und körperliche Unterstützung. Wenn sie weiß, dass Sie jederzeit für sie da sind, wird sie der Geburt und eventuellen Risiken ungleich gefasster ins Auge sehen. Bei Frauen, die während der Schwangerschaft viel Zuwendung erfahren, werden Kaiserschnitte und andere operative Eingriffe seltener notwendig. Ist emotionaler Beistand nicht Ihre Stärke, sollten Sie sich rechtzeitig mit Ihrer Partnerin darüber unterhalten, was sie von Ihnen erwartet. Immerhin haben Sie neun Monate lang Gelegenheit, sich darin zu üben – oder notfalls jemanden zu finden, der in der Lage ist, Ihrer Frau diese Hilfe zukommen zu lassen.

Vatersorgen

Dass werdende Väter während der Schwangerschaft von Sorgen geplagt werden, ist ganz normal. Zum Glück hat die Natur es so eingerichtet, dass wir neun Monate Zeit haben, uns auf die Veränderungen vorzubereiten. Und außerdem gibt es eine Reihe von Erfahrungen und Erkenntnissen, die »Altväter« an »Erstväter« weitergeben können.

»Ist es auch wirklich mein Baby?«

So merkwürdig es klingen mag: Selbst in den treuesten Beziehungen keimt dieser Zweifel früher oder später unbewusst auf. Rund sechzig Prozent aller Väter geben an, dieses Gefühl zu kennen, doch wir vermuten, dass die Dunkelziffer wesentlich höher liegt. Die hinlänglich bekannte lapidare Erkenntnis, dass allein die Frau diese Frage beantworten kann, ist kein Trost, im Gegenteil: Sie rührt an die innersten Ängste eines Mannes und verleiht ihm ein Gefühl von Ohnmacht. Die Versuchung, sich in diese Angst hineinzusteigern, ist groß – insbesondere wenn Treue in Ihrer Beziehung kein oberstes Gebot war, Sie schon einmal betrogen worden sind oder als Kind Untreue in der Beziehung Ihrer Eltern erlebt haben. Besteht Gefahr, dass sich der Argwohn fest in Ihrem Hinterkopf einnistet, müssen Sie die Angelegenheit abklären, und zwar möglichst rasch. Fragen Sie sich:

»Was weiß ich über meine Partnerin? Wie gut kenne ich sie?«

»Wie gibt sie mir durch Wort und Tat die Gewissheit, dass sie mir treu gewesen und das Baby von mir ist?«

»Wie würde sie reagieren, wenn ich sie darauf ansprächе?«

Wenn Sie glauben, dass sie absolut schockiert regiert, besteht mit hoher Wahrscheinlichkeit tatsächlich keinerlei Grund, eifersüchtig zu sein. Haben Sie dennoch Bedenken, dann vertrauen Sie sich einem guten männlichen Freund an. Ihm sollte es gelingen, Sie auf den Boden der Tatsachen zurückzuholen. Führen Sie sich vor Augen, dass solche Verdächtigungen eine völlig normale Erscheinung sind und sich in aller Regel rasch wieder verflüchtigen.

Lässt Ihnen das Thema trotzdem absolut keine Ruhe, dann sprechen Sie mit Ihrer Partnerin darüber. Aber begreifen Sie diesen Schritt wirklich als Ihren allerletzten Rettungsanker! Sie müssen sich bewusst sein, dass eine grundlose Verdächtigung das gegenseitige Vertrauen weit eher mindert als stärkt. Also: Sollten Sie sich zu diesem Schritt entschließen, dann müssen Sie extrem behutsam vorgehen und Ihre Frage unbedingt mit einem Geständnis Ihrer Ängste verbinden. Achten Sie darauf, eine klare, unzweideutige und glaubwürdige Antwort zu erhalten.

> **David, ein Vater Mitte fünfzig mit einem Sohn Mitte zwanzig:** »Meine Partnerin erwiderte lediglich: ›Nun, was glaubst du denn? Zieh deine eigenen Schlüsse.‹ Ich wünschte, ich hätte damals auf einer eindeutigen Antwort bestanden. So bin ich mir bis heute nicht sicher und habe Angst, sie noch einmal zu fragen.«

Wenn die Partnerin unförmig und unbeholfen wird

Als wären sie darauf programmiert, setzen Männer es als selbstverständlich voraus, dass Frauen auf Gepflegtheit und Schönheit achten. Je nach Zeit und Kultur können die

Schönheitsideale sich krass unterscheiden. In der derzeitigen westlichen Mode ist der übertrieben schlanke und perfekte Körper angesagt.

Manchen Männern bereitet es daher Probleme, wenn ihre schwangere Partnerin dickbauchig und aufgedunsen, ungraziös und träge wird. Denken Sie daran, dass dieser Zustand vorüber geht und dass diese Veränderungen Ihre Frau noch verletzlicher und liebebedürftiger machen. Sie braucht jetzt Zuspruch und Lob und Aufmunterung. Sagen Sie ihr, wie sehr Sie sie lieben, wie toll sie alles packt und dass sie eine Schönheit ausstrahlt, die allein werdenden Müttern zu Eigen ist. Vermeiden Sie jede Bemerkung, die sie verletzen oder demütigen könnte. Viele Männer finden schwangere Frauen ausgesprochen attraktiv und sogar sexy.

Gierige Gelüste

Werdende Mütter entwickeln häufig einen regelrechten Heißhunger auf bestimmte Lebensmittel. Und warum auch nicht? Schließlich leisten sie harte Arbeit und verdienen daher eine Sondervergütung. Also besorgen Sie ihr notfalls ein Glas saure Gurken aus dem Rund-um-die-Uhr-Servicestore der nächstgelegenen Tankstelle. Wir schlagen Ihnen vor, sich auch selbst etwas zu verwöhnen: Immerhin ist es kein Pappenstiel, ständig die Gelüste seiner schwangeren Partnerin erfüllen zu müssen.

Psychische Ups und Downs

Die Schwangerschaft ist für Sie beide eine Zeit grundlegenden Wandels und damit auch extremer psychischer Belastungen. Hinzu kommen die hormonellen Veränderungen Ihrer Partnerin. Üben Sie Toleranz. Lernen Sie zuhören, ohne Stellung zu beziehen, ohne ein Urteil zu fällen oder gar als Sieger aus der Debatte hervorgehen zu wollen. Seien Sie sich bewusst, dass Sie gleichfalls emotionale Wechselbäder durchleben.

Unersetzlich sind in solchen Fällen verständnisvolle männliche Freunde, die Sie besuchen und bei denen Sie Dampf ablassen können.

Werden Sie auf keinen Fall ausfallend oder beleidigend, doch nehmen Sie ebensowenig Beleidigungen hin.

Dominantes Gehabe – gleichgültig von welcher Seite – gilt es um jeden Preis zu verhindern. Es hat in einer gleichberechtigten Partnerschaft nichts zu suchen – und ganz bestimmt wollen Sie nicht, dass Ihr Kind in einer solchen Atmosphäre der Disharmonie aufwächst. Studieren Sie Kapitel 14: Das Erfolgsrezept heißt Kommunikation.

Ignorieren Sie nicht Ihre eigenen Bedürfnisse

Unsere Gesellschaft erwartet nach wie vor von Männern, dass sie Frauen beschützen und ihnen helfend unter die Arme greifen. Das ist ganz besonders wichtig in der Schwangerschaft, vor allem in den ersten sechzehn Wochen. Nichtsdestotrotz dürfen wir darüber unsere eigenen Bedürfnisse nicht vergessen. Denken Sie daran, dass Sie ein Recht darauf haben:

✗ müde und erschöpft zu sein

✗ wütend zu werden

✗ Angst zu haben

✗ sich Sorgen zu machen

✗ in Sachen Erziehung und Zukunft des Kindes mitzureden

✗ Freunde zu haben

✗ gut zu essen

✗ im eigenen Heim Privatsphäre zu genießen

✗ sich selbst etwas Gutes zu tun.

Wenn der Mann schwanger wird ...

Manche Männer identifizieren sich derart mit ihrer schwangeren Partnerin, dass sie deren körperliche Empfindungen und Symptome teilen. Dies hat durchaus einen Vorteil, nämlich ein hohes Maß an Mitgefühl mit der Frau. Der Nachteil besteht darin, dass der Betroffene die Vaterrolle in einer Zeit vernachlässigt, in der die Mutter mehr denn je eine starke Schulter zum Anlehnen braucht. Seien Sie wachsam, damit die Situation sich nicht auf eine Weise zuspitzt, die beiden Seiten schlecht bekommt.

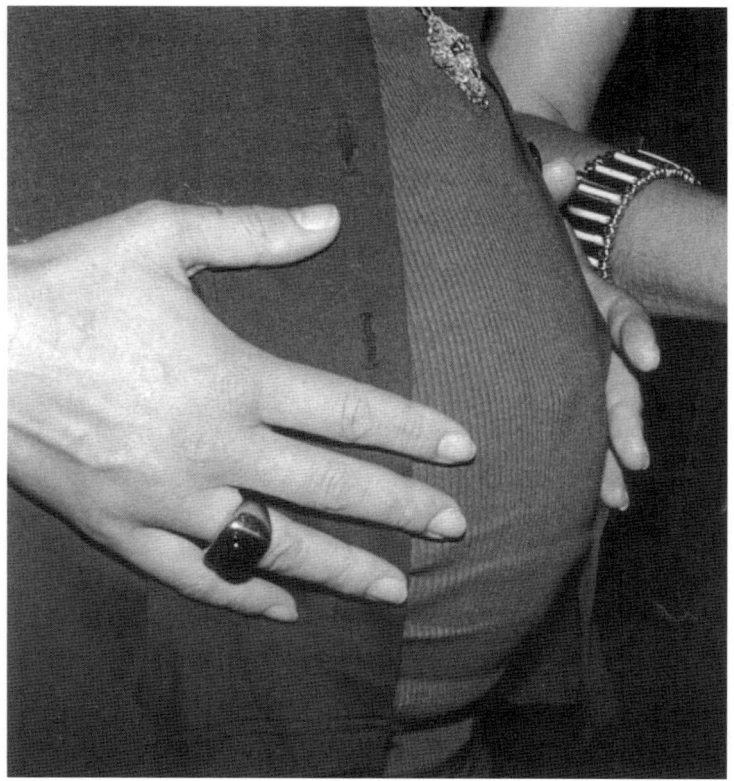

Die Symptome des Mannes können Erbrechen, Gewichtszunahme, Rückenschmerzen, Verdauungsstörungen, Appetitmangel, Magenbeschwerden, Müdigkeit und morgendliche Übelkeit umfassen. Ärzte tun sich gemeinhin schwer, dieses Phänomen zu deuten.

Finanzielle Sorgen

Die meisten Väter rutschen früher oder später zumindest zeitweise in die Rolle des Brötchenverdieners. Hypothekenzahlungen, Miete, Einkommensminderung, Haushalts- und Arztrechnungen etc. – jede Schwangerschaft zieht eine Kette finanzieller Verpflichtungen nach sich. Glücklicherweise müssen Sie als Mann heute nicht für alles allein aufkommen. Das Rollenverständnis wandelt sich zusehends, und wichtig ist eigentlich nur, dass Sie beide rechtzeitig planen und alle Vorhaben miteinander absprechen. Einige Aspekte sind in Kapitel 12 (»Rollenwechsel«) angesprochen. Planen Sie, nehmen Sie die Schritte in Angriff und entspannen Sie dann – und versuchen Sie alles, was Sie nicht ändern können, aus Ihrem Kopf zu verbannen. Zu akzeptieren, dass man gewisse Dinge nicht ändern kann, vermag Stress immens zu reduzieren!

Kümmern Sie sich um das Wohlbefinden Ihrer Partnerin

Sorgen Sie dafür, dass:

✗ Ihrer Partnerin die beste medizinische Versorgung zuteil wird

✗ Sie ihr so viel wie möglich abnehmen (und physisch wie psychisch in der Lage sind, dies zu tun)

✗ sie von Freundeskreis und Familie unterstützt wird.

Keine Hilfe: Alkohol

Nicht wenige Männer versuchen den Stress, den Verantwortungsdruck und Gefühle der Einsamkeit durch erhöhten Alkoholkonsum zu lindern. Wir raten Ihnen dringend davon ab! Sprechen Sie mit anderen, vor allem mit männlichen Freunden und Familienmitgliedern, statt beim Alkohol Trost und Zuflucht zu suchen. Möglicherweise könnte sich Ihre Partnerin anstecken lassen, gleichfalls öfter zum Glas greifen und so das Baby schädigen. Außerdem schadet regelmäßiger hoher Alkoholkonsum selbst gestandenen Mannsbildern und kann auf Dauer die beste Beziehung entzweien. Trinken Sie Alkohol nur zum bewussten Genuss, nicht als Mittel zur Stressminderung! Das funktioniert nämlich nur ganz kurzfristig.

Kapriolen des Liebeslebens

Jeder Mensch und jedes Paar ist verschieden. Manche haben überhaupt keine Lust mehr auf Sex, andere fühlen sich stimulierter denn je. Akzeptieren Sie, dass die Schwangerschaft eine Ausnahmesituation darstellt und dass nach der Entbindung eine Weile ins Land gehen kann, bis Ihr Liebesleben wieder in ein lustvoll-gesundes Lot gerät.

Ratschläge anderer Väter

Wir haben erfahrene Väter gefragt, welche Tipps sie werdenden Vätern auf den Weg geben würden. Hier einige Antworten:

»Erleben Sie vom Augenblick der Zeugung an aktiv die Schwangerschaft. Seien Sie Ihrer Partnerin eine verlässliche liebevolle Stütze, und sehen Sie ihr Stimmungsschwankungen nach. Bleiben Sie am großen Tag ruhig; zeigen Sie ihr Ihre Liebe, berühren und massieren Sie sie. Je mehr Liebe den Raum erfüllt, desto geringer die Gefahr von Komplikationen.«

»Holen Sie sich Rat bei anderen Männern.«

»Sprechen Sie über Ihre Ängste und Zweifel mit anderen – belasten Sie damit nicht Ihre Partnerin.«

»Seien Sie darauf vorbereitet, viel zu geben und noch mehr aufzugeben.«

»Es ist auch Ihr Kind. Lassen Sie sich nicht von der Familie, von Ärzten und anderen Personen davon abhalten, von Anbeginn der Schwangerschaft an eine enge Bindung zu Ihrem Kind aufzubauen.«

»Entspannen Sie sich und seien Sie auf alles vorbereitet.«

»Nutzen Sie Ihre freie Zeit so gut Sie können.«

»Genießen Sie Sex, solange es Ihnen beiden möglich ist.«

»Versuchen Sie, Ihre Arbeitszeit so weit wie irgend möglich zu reduzieren.«

»Schwelgen Sie in Romantik. Es wird lange dauern, bis Sie Ihre Zweisamkeit wieder ungestört genießen können.«

»Nehmen Sie an der Entbindung in dem Bewusstsein teil, dass Ihnen keine besonders schöne Erfahrung bevorsteht; rechnen Sie mit unerwarteten Wendungen.«

»Kontrollieren Sie Ihr Verhalten, wenn Sie mit Ihrer schwangeren Frau zusammen sind. Das Ungeborene bekommt mehr mit, als man denkt.«

»Informieren Sie sich gründlich über die bevorstehende Geburt, über die Rolle, die Sie dabei spielen werden, und über die Erwartungen Ihrer Partnerin.«

»Lassen Sie sich von Männern, die unlängst Vater geworden sind, darüber aufklären, was auf Sie zukommt.«

»Unterstützen Sie Ihre Partnerin in ihrer neuen Rolle als Mutter, aber reden Sie ihr nicht hinein. Mütterlichkeit ist eine durch und durch weibliche, tief eingeprägte Empfindung; versuchen Sie also nicht, ihr Vorschriften zu machen.«

AUF INS KRANKENHAUS

Ein Kind gebären ist für jede Frau ein unbeschreibliches Erlebnis. Sie wird diesen Augenblick niemals vergessen, und viele Frauen sagen, die Stunden der Entbindung seien die bedeutungsvollsten ihres Lebens gewesen. Daher ist es umso wichtiger, dass auch der Vater seine Rolle richtig spielt.

Zunächst gilt es unter allen Umständen eines zu beachten: Verhalten Sie sich auf dem Weg zur Klinik so ruhig und zuversichtlich wie irgend möglich. Wir sind schließlich nicht im Kino, wo Dramatik zählt!

Planen Sie rechtzeitig

Wir empfehlen Ihnen dringend, bei der Geburt dabei zu sein. Ist das nicht möglich, sollten Sie sich wenigstens in unmittelbarer Nähe, also im angrenzenden Zimmer oder auf dem Gang, aufhalten. Allerdings will das Ereignis gut organisiert sein.

Allem voran müssen Sie dafür sorgen, dass Sie in den vier Wochen vor und drei Wochen nach dem errechneten Geburtstermin ständig erreichbar und nicht weiter als eine Stunde von Ihrer Partnerin entfernt sind. Kongresse, weitere Dienstreisen und Ausflüge, Aufenthalte an Plätzen, an denen man Sie telefonisch nicht erreichen kann, müssen zu Gunsten des großen Ereignisses zurückstehen und abgesagt oder verschoben werden. Es ist nun einmal Tatsache, dass Sie binnen einer Stunde Vater sein können – und alles verpasst haben. Heute, im Zeitalter von Handy und Mobilfunk, haben Sie ohnehin recht viel Bewegungsfreiheit, doch ungeachtet dessen liegt es an Ihnen, die Prioritäten zu setzen.

Seien Sie Ihretwegen bei der Geburt dabei – oder wollen Sie etwa den Moment versäumen, der der großartigste Ihres Lebens werden könnte? Tun Sie es auch für Ihre Partnerin, die Ihre Anwesenheit, Ihren Beistand und Ihre Liebe jetzt ganz besonders braucht. Und tun Sie es für Ihr Kind, das eine möglichst entspannte, liebevolle und stressfreie Geburt verdient. Es benötigt Ihren Schutz, und nur wenn Sie der Geburt beiwohnen, haben Sie die Möglichkeit, buchstäblich vom ersten Atemzug an eine innige Bindung zwischen Ihnen beiden herzustellen.

✗ Halten Sie sich nicht weiter als eine Stunde vom Geburtsort entfernt auf.

✗ Ihre Partnerin muss stets eine Rufnummer bei sich haben, unter der Sie jederzeit zu erreichen sind. Kaufen oder leihen Sie sich ein Handy.

✗ Lassen Sie Ihren Arbeitgeber wissen, dass Sie ein Kind erwarten und bei der Geburt dabei sein wollen.

✗ Fragen Sie nicht um Erlaubnis – teilen Sie es Ihrem Chef einfach mit. Sagen Sie, dass Sie möglicherweise in Minutenschnelle den Arbeitsplatz verlassen müssen, damit man sich darauf einstellen kann und gegebenenfalls jemand zur Verfügung hat, der für Sie einspringt. Sorgen Sie dafür, dass das Sekretariat Sie, wenn es ernst wird, umgehend verständigt – gleich, wo Sie gerade sind und was Sie gerade tun.

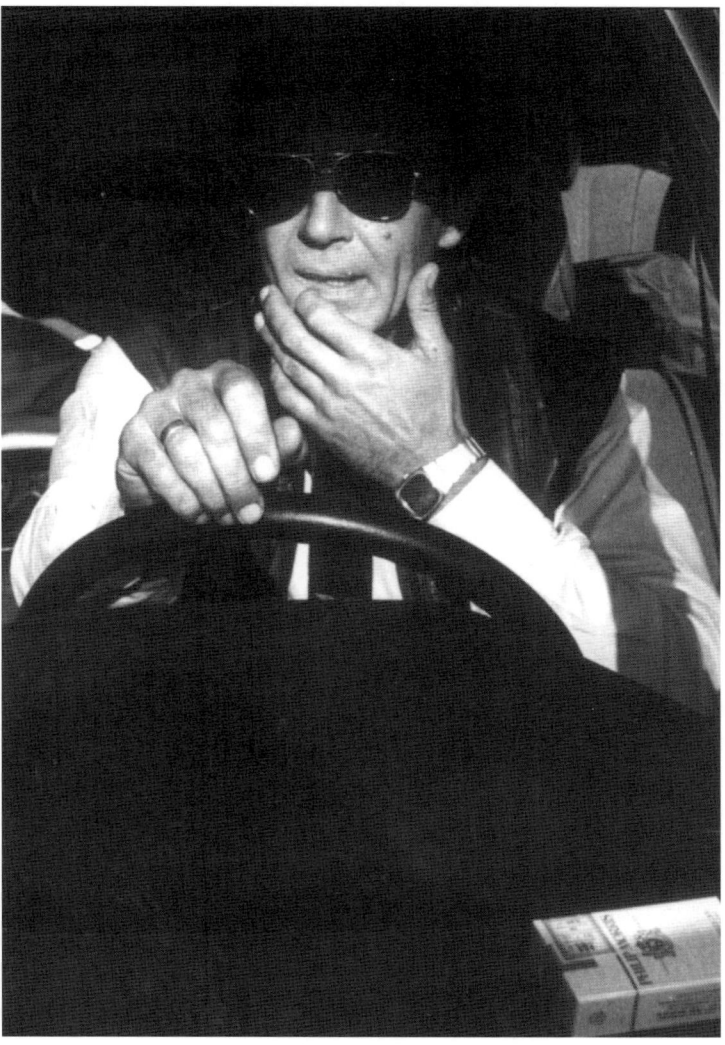

Routen- und Autocheck

Autos haben ihre Allüren, speziell die etwas betagteren. Sorgen Sie dafür, dass Ihr fahrbarer Untersatz zuverlässig anspringt und der Tank immer ausreichend gefüllt ist.

Haben Sie im Hinterkopf stets die schnellste Verbindung zwischen Ihrem Arbeitsplatz und dem Aufenthaltsort Ihrer Partnerin sowie dem Krankenhaus parat. Kalkulieren Sie das Verkehrsaufkommen ein, um zu vermeiden, dass Sie im Stau stecken, während Ihr Kind zur Welt kommt.

Wenn Sie es sind, der Ihre Frau ins Krankenhaus bringt, arbeiten Sie die günstigste Route aus. Für den Fall, dass irgend etwas schief geht, brauchen Sie einen Notfallplan. Lesen Sie Kapitel 8 (»Die Geburt«), damit Sie wissen, wie Sie sich in Notsituationen am besten verhalten.

Halten Sie alles bereit, was Sie in die Klinik mitnehmen wollen; siehe auch hierzu Kapitel 8.

Betrachten Sie die Aufregung als etwas Positives. Geraten Sie nicht in Hektik, sondern verhalten Sie sich so ruhig und bedacht wie möglich.

Packen Sie einen »Überlebenskoffer«

Packen Sie einen »Überlebenskoffer«, der Ihnen hilft, die kommenden schweren Stunden zu überstehen. Er sollte enthalten:

- ❏ eine Thermoskanne mit einem heißen Getränk, dazu Teebeutel oder Pulverkaffee, die Sie in der Klinik mit heißem Wasser aufgießen können
- ❏ Telefonnummern bzw. Adressen von Läden oder Restaurants, die ordentliche Mahlzeiten liefern bzw. in unmittelbarer Nähe des Krankenhauses liegen
- ❏ dieses Buch

❏ eine Telefonkarte oder ausreichend Kleingeld, Namen und Telefonnummern aller Leute, die Sie anrufen wollen oder sollen

❏ Zahnbürste und Zahnpasta

❏ einen Fotoapparat

❏ persönliche Dinge wie einen Gedichtband oder Musik (CD-Player und CDs oder Walkman)

❏ warme, bequeme Kleidung, in der Sie notfalls die Nacht verbringen können

❏ und jede Menge Snacks: Chips, Müsliriegel, Schokolade …

Nehmen Sie sich frei

Jeder anständige Arbeitgeber wird »Vaterschaftsurlaub« gewähren, und Sie sollten in der Lage sein, wenigstens in der ersten Woche freizumachen – zur Not eben unbezahlt. Wir empfehlen jedem Vater, zumindest die erste Woche nach dem Krankenhausaufenthalt (bzw. bei einer Hausgeburt die ersten Tage nach der Entbindung) mit Mutter und Kind daheim zu verbringen.

Möglicherweise gibt es in Ihrem Leben noch weitere logistische Probleme, die in die Geburtsplanung einbezogen werden müssen. Kümmern Sie sich rechtzeitig darum, um den Stress für alle Mitglieder der jungen Familie denkbar gering zu halten.

Krankenhäuser und Väter

Bauen Sie rechtzeitig, zum Beispiel im Rahmen der Vorsorgeuntersuchungen, eine gute Beziehung zur Hebamme bzw. Arzt/Ärztin auf, damit Sie in der Klinik als vertraute Person empfangen und behandelt werden. Überdies helfen Sie so einer positiven neuen Einstellung gegenüber werdenden Vätern den Weg bahnen.

Viele Männer kommen sich bei der Geburt hilflos und ausgeschlossen vor. Doch die Beziehung zum Kind aus einer Position der Schwäche und Nutzlosigkeit heraus zu beginnen, das ist weder für Sie als Vater noch für Sie beide als Eltern ein guter Start. Spätere geschlechtsspezifische Probleme der Kinder haben oftmals ihre Ursache in einem Mangel an väterlicher Zuwendung, wobei die Uhr nicht erst mit der Stunde der Geburt, sondern schon in der pränatalen Phase zu laufen beginnt.

Zum Glück hat der Ablauf der Entbindung sich in den vergangenen Jahren deutlich gewandelt, so dass nicht mehr Technik und Bürokratie im Mittelpunkt stehen, sondern die Frau. Die meisten Hebammen bringen der Gebärenden warmes Mitgefühl entgegen, und unzählige Frauen haben eine fast innig zu nennende Beziehung zu »ihrer« Hebamme. Dessen ungeachtet kann geschehen, dass die Rolle des Mannes heruntergespielt oder gar ignoriert wird.

Anne, eine Hebamme: »Meine Kollegin erzählte mir, wie vielen wunderbaren Paaren sie in unserem Krankenhaus begegnete. Ich war ganz überrascht. ›Wo?‹, wollte ich wissen. ›Ich habe keine beneidenswerten Paare gesehen.‹ ›Die meisten Paare, deren Babys ich auf die Welt helfe‹, erwiderte sie. Ich war platt und schämte mich unheimlich. Ich war dermaßen auf die Mutter fixiert, dass ich dem Vater keinerlei Beachtung geschenkt hatte.«

Sicher sind Sie mit uns einer Meinung, dass sich hier etwas ändern muss! Die Väter müssen sich mehr Freizeit erkämpfen und die Hebammen lernen, die Männer in die Gespräche und vor allem natürlich den Geburtsvorgang einzubeziehen.

Väter als Geburtshelfer

Hebammen mögen sich noch so liebevoll um Mutter und Kind kümmern: lieben können sie die beiden unmöglich so wie Sie, der Vater. Sofern keine Komplikationen eintreten, spricht nichts dagegen, dass Sie Ihrem Baby selbst auf die Welt helfen. Während die Hebamme ihre Hände bereit hält und vielleicht die Schultern des Babys fasst, können Sie das Kind auffangen und es der Mutter auf dem Bauch legen.

Über die Bindung, die Männer zu ihrem Baby entwickeln, wissen wir noch nicht sehr viel. Doch es steht fest, dass sie wichtig ist. Es wird Zeit, dass die Männer in diesem Punkt ihr Schweigen brechen und sich zu Wort melden: Schließlich ist die Geburt eine Familienangelegenheit, in der neben Mutter und Kind der Vater eine Schlüsselrolle spielt. Es ist Aufgabe von Geburtshelfern, den Aufbau emotionaler Nähe zu fördern. Bitten Sie sie also um entsprechende Unterstützung.

Unserer Erfahrung nach sind Männer offen und dankbar für Tipps von Hebammen. Sie als betroffener Vater müssen lediglich bekunden, dass Sie sich in dieser Hinsicht gern auf die Sprünge helfen lassen.

Rita, seit kurzem Großmutter: »Die alte Hebamme war ein ganz gewitztes Frauenzimmer. Der Partner meiner Tochter zeigte keinerlei Interesse an einer Beziehung zu seiner kleinen Tochter. Die beiden hatten eigentlich keine Kinder haben wollen. Sie wohnen nicht einmal zusammen. Kaum war das Baby geboren, befahl die Hebamme ihm, sein Hemd auszuziehen. Er schaute widerwillig und machohaft. ›Ziehen Sie Ihr Hemd aus!‹ wiederholte sie. Er folgte der Order, und sie legte ihm das Neugeborene an die Brust. In diesem Augenblick passierte etwas zwischen den beiden. Das

Baby bekam – und nutzte – die Chance, eine Bindung zu seinem Vater herzustellen.«

Vaterfreundliche Tipps für Kliniken

✗ Akzeptieren Sie die Tatsache, dass es drei »Patienten« gibt: Mutter, Vater und das Baby.

✗ Stellen Sie Zusatzbetten bereit, damit der Vater über Nacht bleiben kann. Beim Neu- oder Umbau sollten für die Entbindungsstation einige Zimmer mit Doppelbett und eigenem Bad eingeplant werden.

✗ Stellen Sie mehr Krankenpfleger ein.

✗ Beherzigen Sie in den Geburtsvorbereitungskursen die Rolle des Vaters und organisieren Sie spezielle »Väter-Treffen«.

✗ Sprechen Sie in den Geburtsvorbereitungskursen auch Veränderungen der Paarbeziehung vor und nach der Geburt an.

✗ Bieten Sie Kurse oder Sprechstunden für Väter an, deren Partnerin an postnatalen Depressionen leidet.

✗ Richten Sie einen Aufenthaltsraum für Väter ein, in dem diese essen, telefonieren und sich unterhalten können.

✗ Dekorieren Sie nicht die gesamte Station in »femininen« Pastelltönen.

✗ Hängen Sie Bilder von jungen Familien auf – nicht nur von Frauen mit dicken Bäuchen.

✗ Halten Sie Merkblätter mit Ratschlägen für werdende und frisch gebackene Väter bereit.

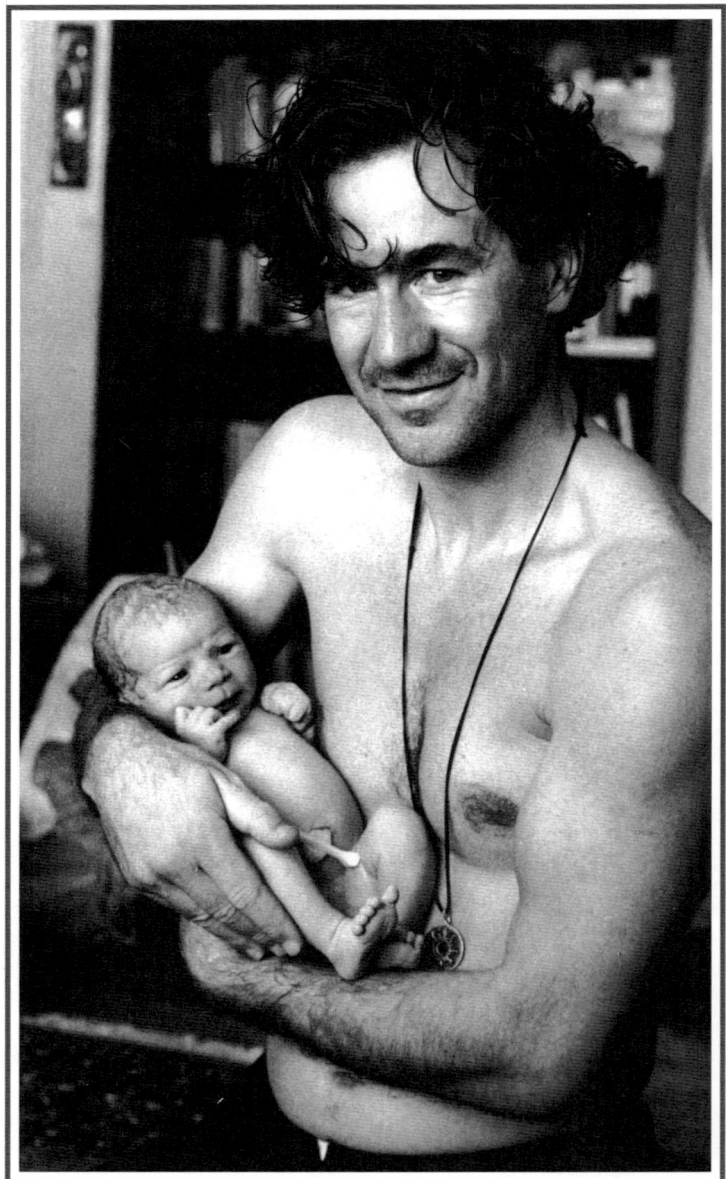

DIE GEBURT

Wenn ich das Licht eurer Welt erblicke
halte mich so fest, als hieltest du die ganze Welt.

Fünf Gründe, bei der Geburt dabei zu sein

✗ Sie kennen Ihre Partnerin besser als irgendein anderer Mensch.

✗ Sie lieben sie mehr als irgendein anderer Mensch.

✗ Es ist Ihr Baby, das zur Welt kommt.

✗ Ihre Anwesenheit wird Ihre Beziehung zu Mutter und Baby positiv verändern und prägen.

✗ Es ist eine großartige Erfahrung.

Wann beginnt die Geburt?

Häufig ist es schwer zu sagen, wann genau die Geburt beginnt. Die ersten Anzeichen sind verschieden. Den Anfang können unregelmäßige Vorwehen machen, starke, Menstruationskrämpfen ähnliche Schmerzen oder das Platzen bzw. Einreißen der Fruchtblase mit anschließendem Abgang von Fruchtwasser. Die Phase der Vorwehen kann Tage währen, und es mag sein, dass die Frau nur einige wenige Kontraktionen der Gebärmutter (Wehen) verspürt. Ihr schließt sich die Eröffnungsphase an, die eventuell einen vollen Tag dauert.

Im Folgenden wollen wir Ihnen Ratschläge dafür geben, wie Sie Ihrer Partnerin in dieser erwartungsvollen Zeit beistehen können.

Ist alles bereit?

Ist eine Hausgeburt geplant, richten Sie beizeiten das Zimmer her. Es sollte friedvoll wirken und Ihnen beiden gefallen. Soll Ihr Kind in der Klinik zur Welt kommen, packen Sie die letzten Utensilien in die bereit stehenden Taschen. Vergessen Sie Getränke und Essen nicht. Die meisten Frauen sind dankbar für Häppchen, die sich nach einer Kontraktion in den Mund schieben lassen – einen Löffel Jogurt etwa oder ein Stück Birne oder Pfirsich. Ziehen sich die Wehen länger hin, brauchen auch Sie etwas zur Stärkung. In vielen Krankenhäusern ist es unmöglich, morgens um drei Uhr Essbares aufzutreiben, und auch wenn Sie glauben, nichts zu brauchen, werden Sie Ihre Aufgabe gestärkt garantiert besser erfüllen. Gegebenenfalls können Sie einen Freund anrufen, damit er Ihnen einen Imbiss bringt oder Sie zu einer kurzen Mahlzeit begleitet. Auch nach der Geburt sollte man seinem Magen etwas gönnen. Manche Frauen sind nach der Entbindung regelrecht ausgehungert, und im Krankenhaus gibt es außerhalb der Mahlzeiten selten mehr als Tee und Zwieback. Wie wäre es stattdessen mit einer feinen Leckerei und einem Gläschen Champagner zum Anstoßen auf das freudige Ereignis? Freiberufliche Hebammen widmen sich Ihnen beiden gewöhnlich über Stunden hinweg, ohne auch nur eine Pause

einzulegen. Viele vergessen darüber das Essen und sind gewiss dankbar, wenn Sie ihnen einen Snack anbieten.

Packen Sie für das Krankenhaus auch Dinge ein, die Sie an Ihr Zuhause erinnern. (Kerzen dürfen Sie wegen des Sauerstoffgeräts im Entbindungsraum nicht anzünden.) Viele Paare bringen Musikaufnahmen mit, Blumen, Bilder oder Dinge, denen sie spirituelle Bedeutung beimessen. Vergessen Sie auf keinen Fall Fotoapparat, Videokamera und Handy bzw. Münzen/Karte für das Telefon.

Richtige Ernährung

Was die körperliche Anstrengung angeht, sind Wehen durchaus einem Marathonlauf vergleichbar. Die Uterusmuskulatur muss über Stunden hinweg gewaltige Arbeit leisten, was die Frau ebenso sehr erschöpft, wie wenn Sie ein Auto zehn Kilometer schieben müssten. Wie auch bei Sportlern tut der Körper sich leichter, wenn ihm die nötigen Nährstoffe zur Verfügung stehen. Füttern Sie Ihrer Partnerin deshalb kleine Häppchen gesunder, leckerer Speisen. Besonders eignen sich komplexe Kohlenhydrate, die unter anderem in hausgemachten Suppen, Vollkornbrot, Nudelgerichten und Obst enthalten sind. Fleisch und sehr Fetthaltiges dürfte sie hingegen weniger gut vertragen.

Ruhe und Bewegung

Ist Ihre Partnerin dazu in der Lage, machen Sie mit ihr immer wieder kürzere Spaziergänge, zwischen denen sie allerdings viel Zeit zum Ausruhen braucht. Gehen ist gut für den Wehenverlauf und kann auch psychisch beruhigend wirken. Sicher sind Sie beide jetzt bestenfalls nervös und aufgeregt, schlimmstenfalls panisch. Sprechen Sie miteinander darüber.

Die Eröffnungsphase

Anzeichen für die Geburt

✗ Rhythmische, schmerzhafte Kontraktionen der Gebärmutter (Wehen) im Abstand von etwa zehn Minuten.

✗ Blutiger Schleim tritt aus.

✗ Die Fruchtblase platzt oder reißt ein. Dabei kann plötzlich bis zu ein Liter Flüssigkeit in einem Schwall, aber auch nur tröpfchenweise abgehen. Betrachten Sie das Fruchtwasser: Ist es klar und rötlich gefärbt, ist alles bestens. Ist es grünlich, bräunlich oder schwarz, müssen Sie es dem/der Geburtshelfer/in augenblicklich mitteilen.

✗ Sobald eines der obigen Symptome auftritt, ist es Zeit, die Hebamme/das Krankenhaus anzurufen.

Wehen

Während der Eröffnungswehen zieht sich die Uterusmuskulatur um den Muttermund zusammen; dieser muss sich bis auf zehn Zentimeter dehnen, damit der Kopf des Babys passieren kann. Zwischen den ersten Kontraktionen ist die Frau gewöhnlich noch recht munter und vergnügt. Früher oder später kommt jedoch der Punkt, an dem sie ausgesprochen schmerzhaft werden, und dann ist es nicht mehr so lustig. Ein Mann erzählte uns, seine Frau sei »überhaupt nicht mehr sie selbst« gewesen. Tatsächlich führen die Schmerzen häufig dazu, dass eine Frau jegliche Selbstkontrolle verliert und sich hemmungslos dem hingibt, was der weibliche Körper seit Urzeiten zu tun bestimmt ist. Sie mag schreien, panisch werden oder sich völlig in sich zurückziehen. Männer wiederum reagieren auf diese Reaktionen ebenfalls sehr unterschiedlich.

Bleiben Sie an der Seite Ihrer Partnerin!

Sie können es nicht ertragen, sagen manche Männer, zu sehen, wie die Frau, die sie lieben, derartige Schmerzen leidet. Einige ziehen sich zurück, fühlen sich überflüssig, nutz- und hilflos. Aber für viele ist es zutiefst befriedigend, ja geradezu berauschend, einen Beitrag zu leisten und die Geburt gemeinsam mit ihrer Partnerin zu erleben – was sich nicht darauf beschränkt, ihr den Schweiß von der Stirn zu tupfen oder Händchen zu halten, sondern auch und vor allem die Gefühlsebene betrifft.

Seien Sie offen für das, was Ihre Partnerin körperlich und seelisch empfindet. Achten Sie sorgfältig auf alles, was mit ihr geschieht, und erzählen Sie ihr, was Sie beobachten. Eine Frau, die sich gut betreut und geliebt fühlt, übersteht die Wehen leichter, und im Allgemeinen verläuft dann auch die gesamte Geburt komplikationsloser. Es ist schwer zu sagen, wie stark der Geist den Körper während der Wehen beeinflusst. Die Erfahrung jedoch hat gelehrt, dass Frauen, die sich – sei es wegen Geldproblemen, nicht aufgearbeiteten Ärgers, innerer Anspannung oder Angst – belastet fühlen, Stresshormone produzieren, die die Blutversorgung von Uterus und Plazenta hemmen, die Kontraktionen verlangsamen und die Sauerstoffversorgung des Fötus beeinträchtigen.

Nehmen Sie Hilfe an, um Hilfe geben zu können

Einige Väter gestanden, erst nach mehreren Geburten alles richtig gemacht zu haben, während sich bei anderen Paaren ein weiblicher Beistand bewährt hat. Und so manche erfahrenen Geburtshelfer, die grundsätzlich die Anwesenheit des Vaters bei der Entbindung befürworten, zweifeln inzwischen an der Tauglichkeit des Mannes als Helfer, da die Geburt und mit ihr der endgültige Übergang vom Mann zum Vater diesen kaum weniger überwältigt als die Frau. Wir sind der Meinung, dass Sie beide Unterstützung brauchen. Zudem können Sie Ihrer Partnerin besser zur Seite zu stehen, wenn auch Sie jemanden haben, der Ihnen – nicht unbedingt im selben Zimmer, aber in erreichbarer Nähe – Beistand leistet und dem Sie nach dem großen Ereignis alles erzählen können.

Steve: »Ich verlor völlig den Boden unter den Füßen. Es dauerte Monate, bis ich wirklich begriff, was wir durchgemacht hatten. Ich reagierte auf die Erfahrung – die furchtbaren Schmerzen, die Ruhe der Ärzte und Hebammen –, indem ich mich völlig verschloss. Als meine Tochter zur Welt kam, war ich schlichtweg überwältigt. Sie lag in meinen Armen und öffnete ein Auge. Die Bedeutsamkeit des Augenblicks und die Verantwortung, die ich auf mich zukommen sah, hauten mich buchstäblich um.«

Darryl: »Ich erinnere mich, wie ich um vier Uhr morgens nach der Geburt meiner Tochter ins Freie trat. Der Mond war voll und die Welt vollkommen still. Ich war total durch die Mühle gedreht und vollkommen durcheinander. Ich wusste nicht, ob ich schreien, lachen oder weinen sollte. Am ehesten war mir nach Weinen zu Mute. Ich tat's nicht, sondern fuhr allein nach Hause zurück und legte mich in das leere Bett. Hätte ich damals gewusst, was ich heute weiß, hätte ich einen Freund dabei gehabt. Wir hätten zusammen etwas trinken können, und ich wäre ihm bestimmt vor Freude ein paar Mal um den Hals gefallen.«

Soll die Mutter auch einen weiblichen Beistand haben?

In den meisten traditionellen Kulturen sind Männer von der Entbindung ausgeschlossen; sie nehmen stattdessen an ihnen vorbehaltenen Ritualen in Gesellschaft ihrer Geschlechtsgenossen teil. Die Niederkunft gilt als reine Frauensache. Häufig leisten kundige Helferinnen der Gebärenden seelisch Beistand; in Mexiko tun dies ausgebildete »Doulas«. In modernen Kliniken durchgeführte Studien haben erbracht, dass weit weniger Komplikationen auftreten und medizinische Eingriffe nötig sind, wenn eine »Doula« der Geburt beiwohnt. Die Zahlen beeindrucken: Eine Doula, so das Ergebnis, reduziert die Notwendigkeit eines Kaiserschnitts um fünfzig (!) Prozent.

Freilich kann es die Rolle des Vaters beeinträchtigen, wenn außer ihm eine Frau die Gebärende emotional unterstützt. Gleichwohl sollten Sie diese Alternative in Betracht ziehen. Indem sie der Frau den benötigten emotionalen Beistand garantiert, ermöglicht sie dem Mann ein freieres Erleben der Geburt.

Seelische Geburtshelfer/innen

Ein weiblicher Beistand für die Mutter sollte:

✗ dieselbe Wellenlänge haben wie sie

✗ sie nicht dominieren

✗ sich mit dem Vater verstehen

✗ nach Möglichkeit selbst Kinder haben

✗ über emotionale Reife verfügen und Herzensbildung besitzen.

Ein männlicher Beistand für den Vater sollte:

✗ sich auch mit der Mutter verstehen

✗ nach Möglichkeit selbst Kinder haben

✗ über emotionale Reife verfügen und Herzensbildung besitzen

✗ zur Seite stehen, nicht dominieren

✗ darauf vorbereitet sein, nötigenfalls stundenlang vor der Tür zu warten.

Was tun während der Wehen?

Hierfür können wir Ihnen keine allgemein gültigen Ratschläge geben. Was für eine Frau genau richtig ist, kann eine andere zur Weißglut treiben. Eines aber braucht Ihre Partnerin jetzt ganz bestimmt: die Gewissheit, dass Sie hundertprozentig für sie da sind, sie lieben und überzeugt sind, dass sie ihre Sache großartig macht. Halten Sie sich vor Augen, dass Sie einer der wichtigsten Menschen im Raum sind. Schließlich lieben Sie Ihre Partnerin am meisten. Und es ist Ihr Baby, das hier das Licht der Welt erblickt. Sie kennen Ihre Partnerin besser als alle Ärzte und Hebammen zusammen, und deshalb wissen Sie am besten, wie sie die Situation bewältigt und was sie sich wünscht.

Es ist wichtig, dass Sie Ihre Rolle aus vollem Herzen annehmen. Ihr engagierter Beitrag zur Geburt wird die Bindung zwischen Ihnen und Ihrer Partnerin garantiert festigen.

Was die Schmerzen ertragen hilft

Im ärgsten Fall treten Wehen alle zwei bis drei Minuten auf und dauern neunzig Sekunden. Sie können ungemein schmerzhaft sein. Wundern Sie sich also nicht, wenn Ihre Partnerin wortkarg wird oder gereizt. Was tun? Fragen Sie Ihre Partnerin, was sie als Linderung empfinden würde.

Sie können sich vor der Geburt eine Metapher zurechtlegen und diese nun Ihrer Partnerin beschreiben. Ein Beispiel wäre:

»Eine mächtige Woge reißt dich auf ihren Rücken. Hoch oben, auf dem Kamm, ist es am schlimmsten. Aber du weißt genau, dass du gleich auf der anderen Seite hinabgleiten wirst und dass du dann wieder Ruhe hast.« (Die schmerzhafteste Phase einer Wehe dauert selten länger als eine Minute.)

Gehen Sie die Schmerzwellen sukzessive an: Die Kontraktionen werden derart qualvoll, dass allein die Vorstellung, es könne noch eine halbe Stunde so weitergehen, schier unerträglich scheint. Lenken Sie die Aufmerksamkeit jedoch, um im Bild zu bleiben, vom aufgewühlten Meer ab und helfen Ihrer Partnerin, eine Woge nach der anderen bewältigen, dann lassen sich die Schmerzen besser ertragen.

Je entspannter die Frau, desto weniger schmerzhaft sind die Kontraktionen – und desto wirkungsvoller! Reden Sie Ihrer Partnerin zu, sich zwischen den Schmerzattacken auszuruhen und die Augen zu schließen. Setzt die nächste Wehe ein, erinnern Sie sie daran, möglichst entspannt zu bleiben.

Richtige Atmung kann zur Entspannung beitragen und verhindern, dass sich die Frau verkrampft und den Atem anhält. Konzentrieren Sie sich zunächst auf Ihren eigenen Atemrhythmus. Atmen Sie langsam und bewusst, lauschen Sie, wie die Luft ein- und wieder ausströmt. Versuchen Sie, Zug um Zug ein wenig kräftiger auszuatmen. Schauen Sie Ihrer Partnerin in die Augen und fordern Sie sie auf, mit Ihnen zu atmen. Insbesondere bei Angst oder gar Panik kann diese Technik wahre Wunder wirken.

Reden Sie ihr zu, jede Kontraktion mit einem tiefen, ruhigen Atemzug anzugehen und mit einem kräftigen Stöhnen ausklingen zu lassen. Versuchen Sie, sie dazu zu bringen, langsam zu atmen, lockerzulassen und mit der Kontraktion mitzugehen.

Bei starken Kontraktionen lehnen sich Frauen gern an etwas an. Dazu können Sie Ihre starken Schultern zur Verfügung stellen, aber auch ein Sitzsack oder (feste) Kissen erfüllen ihren Zweck. Viele Frauen empfinden zudem angewärmte Handtücher oder Dinkelkissen auf dem Unterbauch und im Kreuz als lindernd.

Ermutigen Sie Ihre Partnerin, nötigenfalls zu schreien. Jeder Versuch, sich zusammenzureißen und keine Schwäche zu zeigen, verschlimmert lediglich die Verspannungen und damit die Schmerzen und Angst – und verlangsamt zudem den gesamten Wehenverlauf.

Der Muttermund öffnet sich, weil der Hinterkopf des Babys nach unten drückt. Alles, was diesen Vorgang unterstützt, beschleunigt die Geburt. Nutzen Sie die Schwerkraft aus, und ermuntern Sie Ihre Partnerin, sich auf die Füße zu stellen und eventuell einige Schritte zu gehen oder während der Kontraktionen seitwärts hin und her zu schwingen. Flach auf dem Rücken liegen ist so ungefähr das Falscheste, was sie tun kann.

Wassergeburten

Bei uns in Neuseeland und Australien nutzen immer mehr Frauen die Möglichkeit, in einem Warmwasserpool zu gebären. Das warme Wasser lindert den Wehenschmerz und wirkt insgesamt beruhigend. Erkundigen Sie sich nach entsprechenden Möglichkeiten. Bei Hausgeburten mag die Badewanne ausreichen. In entsprechend ausgestatteten Kliniken sollten Sie durchzusetzen versuchen, dass Sie mit Ihrer Frau gemeinsam abtauchen dürfen (Badehose nicht vergessen!). Sie können sich beispielsweise hinter sie stellen, damit sich mit dem Rücken an Ihre Brust lehnen kann. Wassergeburten sind eine empfehlenswerte Alternative, die weit mehr Bekanntheit verdient.

Schmerz bedeutet Fortschritt

Viele von uns befragte Männer gaben an, es habe sie sehr mitgenommen, die geliebte Frau Schmerzen leiden zu sehen. Es ist in der Tat nicht schön, aber der Wehenschmerz unterscheidet sich grundsätzlich von Schmerzen aufgrund von Verletzungen oder Erkrankung, die wir unwillkürlich als negative Erscheinungen empfinden und um jeden Preis verhindern wollen. Wehenschmerzen verkünden, dass sich der Muttermund öffnet und Ihr Baby abwärts gleitet. Alles geschieht genau »nach Plan«. Der Schmerz ist da, weil eine starke Energie am Werk ist, und Energie bedeutet Fortschritt, bedeutet Entwicklung.

Ähnlich fürchten viele Männer den blutigen Aspekt der Geburt. Dabei ist es weniger das Blut an sich, das sie schreckt, als vielmehr die Tatsache, dass es sich um das Blut der geliebten Frau handelt. Es ist völlig normal, so zu reagieren. Aber es ist eben auch völlig normal, dass eine Entbindung eine blutige Angelegenheit ist. Am besten bereiten Sie sich darauf vor, indem Sie mit Vätern sprechen, die diese Erfahrung bereits hinter sich haben.

Schmerzbetäubung ja oder nein?

Möglicherweise wird ein Punkt erreicht, an dem es sinnvoll erscheint, doch etwas gegen die Schmerzen zu unternehmen. Ob und wann dies nötig wird, kann allein Ihre Partnerin entscheiden. Ihr/e Geburtshelfer/in wird das Thema mit Ihnen vor und während der Wehen besprechen. Es empfiehlt sich, möglichst klare Vorstellungen davon zu haben, was man will. Stellen Sie deshalb Fragen wie zum Beispiel:

✗ Wollen wir um jeden Preis eine natürliche Geburt?

✗ Welche Methoden zur Schmerzbetäubung gibt es, welche kommen für meine Partnerin in Frage, und welche

Nebenwirkungen haben die einzelnen Mittel und Methoden für Mutter und Kind?

✗ Wem soll die Schmerzbetäubung dienen? Manchmal empfinden es alle Anwesenden als angenehmer, wenn die Frau eine Epiduralanästhesie erhält und nicht mehr qualvoll stöhnt und schreit, sondern ruhig vor sich hin döst.

Wie Sie Zuspruch spenden können

Hier einige Vorschläge, wie Sie Ihrer Partnerin Zuspruch spenden können. (Manche Frauen kann man damit allerdings auch auf die Palme bringen ... Sie kennen Ihre Partnerin, also entscheiden Sie selbst.)

✗ »Tapferes Mädchen. Jetzt haben wir schon wieder eine Wehe hinter uns gebracht.«

✗ »Lass uns einmal versuchen, gemeinsam zu atmen. Schau mich an, und ein-at-men ...«

✗ »Tief einatmen, bis hinunter zu unserem Baby und noch tiefer.«

✗ »Ich liebe dich und bin unendlich stolz auf dich.«

✗ »Lass den Schmerz kommen, nimm ihn an, lass ihn durch deinen Körper ziehen und seine Arbeit tun.«

✗ »Du machst das toll, halt nur noch einen Moment lang durch, dann hast du das Schlimmste wieder hinter dir. Und danach geht es dann viel besser, das weißt du doch.«

Was Sie auf KEINEN Fall tun dürfen

✗ Unterhalten Sie sich nicht mit anderen Anwesenden, während Ihre Frau eine Wehe durchmacht. Sie fühlt sich dann im Stich gelassen, einsam und (zu Recht) verärgert.

✗ Schalten Sie zwischendurch nicht einfach innerlich ab, weil Sie meinen, es nicht mehr ertragen zu können. Ihre Frau kann auch nicht davonlaufen! Bleiben Sie an ihrer Seite, sie braucht Sie jetzt ganz besonders.

✗ Zeigen Sie Ihrer Partnerin nicht, wie angespannt oder nervös Sie sind. Tätscheln und festes Zupacken sind gewöhnlich weniger empfehlenswert. Versuchen Sie es mit zartem, ruhigem Streicheln. Fragen Sie sie, wie sie gern berührt werden möchte, und richten Sie sich darauf ein, dies stundenlang durchzuziehen – bis es plötzlich das Allerverkehrteste ist und Sie etwas vollkommen anderes machen dürfen.

✗ Vorsicht mit Scherzen. Sie müssen Ihre Partnerin dazu schon sehr genau kennen. Möglicherweise lockert Humor die gespannte Atmosphäre etwas auf, genauso gut kann sie sich aber auch unverstanden und zutiefst gekränkt fühlen.

Die Übergangsphase

Am Ende der Eröffnungsphase ist der Gebärmuttermund fast völlig geweitet. Die Kontraktionen können jetzt abflauen, es kann aber auch sein, dass die Frau zu weinen beginnt und meint, die Schmerzen nicht länger aushalten zu können. Sie fühlt sich weidwund und verletzlich und hat Angst, womöglich so sehr, dass sie glaubt, sterben zu müssen. Eventuell reagiert sie völlig irrational und ganz anders, als Sie es von ihr erwartet hätten. Wie so vieles andere ist auch dies eine durchaus übliche und vorübergehende Erscheinung.
Vielleicht hilft es ihr, wenn Sie:

✗ ihr versichern, dass alles, was ihr widerfährt, vollkommen normal ist

✗ körperlichen Kontakt zu ihr halten

✗ innerlich darauf vorbereitet sind, dass Sie ihr nie etwas recht machen

✗ gemeinsam atmen. Schauen Sie ihr in die Augen und atmen Sie mit ihr: tiiief einatmen und dann gaaanz langsam aus-at-men.

✗ bei ihr bleiben, doch dabei ihren Wunsch respektieren, sich in sich zurückzuziehen.

Die Austreibungsphase

Hat sich der Muttermund ausreichend geweitet, setzen die Austreibungs- oder Presswehen ein. In dieser Phase muss die Mutter das Baby durch den Geburtskanal pressen. Das kann nach einigen wenigen Kontraktionen geschehen sein, aber auch eine Stunde angestrengten Pressens verlangen. Bewegt sich das Baby langsam, aber sicher voran, ist es am besten, der Natur ihren Lauf zu lassen und die Frau weiter zu unterstützen. Das Kind im Geburtskanal zu spüren kann sehr schmerzhaft, furchterregend und schier überwältigend sein. Zuerst kommt der Kopf zum Vorschein. Er sieht verdrückt und verschrumpelt aus. Mit jeder Kontraktion rückt er etwas weiter heraus, um kurz darauf wieder ein Stückchen zurückzurutschen. Verliert Ihre Partnerin darüber den Mut, erklären Sie ihr, das dies nur natürlich ist, weil der Geburtsweg – Scheide und Damm – ganz allmählich gedehnt werden muss.

Wo soll der Vater Stellung beziehen?

Fragen Sie Ihre Partnerin schon vor der Austreibungsphase, wo Sie Position beziehen sollen, wenn das Kind kommt.

Die meisten Gebärenden wollen jemanden an ihrer Seite, der ihnen in Kopfnähe beruhigend Mut zuspricht und über die schlimmsten Schmerz- und Angstphasen hinweghilft. Falls Sie glauben, dazu nicht im Stande zu sein, sollten Sie dafür sorgen bzw. gesorgt haben, dass eine andere Vertrauensperson Ihrer Partnerin für Sie einspringt und Beistand leistet.

Das Baby in Empfang nehmen

Vielleicht können Sie Ihrem Kind sogar eigenhändig auf die Welt helfen. Das ist eine einmalige Erfahrung, wie Carol zu berichten weiß.

Carol, eine Großmutter: »David hatte seine Hände an dem verschrumpelten Köpfchen, als dieses ein Stückchen herausrückte, um wieder zu verschwinden. Er massierte es zärtlich und redete mit dem kleinen Mädchen, um es auf der Welt willkommen zu heißen. Meiner Tochter sprach er aufmunternde Worte zu. Die Erregung in seiner Stimme muss ermutigend gewirkt haben. Als dann der Kopf endgültig austrat, ließ die Hebamme David ganz vorsichtig die Nase aus dem Damm befreien. Das Neugeborene starrte auf das Bett und drehte sich dann langsam in Davids Richtung. Die Hebamme half die Schultern befreien und wies David an, den herausgleitenden Körper aufzufangen. Das Kind war feucht und glitschig, aber er hielt es ganz zart und sicher und legte es dann behutsam auf ›Mamis Bauch‹.«

Haut an Haut

Kurz nach der Geburt kommt der entscheidende Augenblick, das wichtige Band der Vertrautheit zwischen Ihnen und Ihrem Kind zu knüpfen Knöpfen Sie Ihr Hemd auf. Verzichten Sie an diesem Tag unbedingt auf Aftershave, Eau de Cologne und andere parfümierte Kosmetika, damit das Baby Ihren natürlichen Körpergeruch wahrnehmen kann. Dieser ist ein wichtiger Teil des Bands zwischen Ihnen beiden.

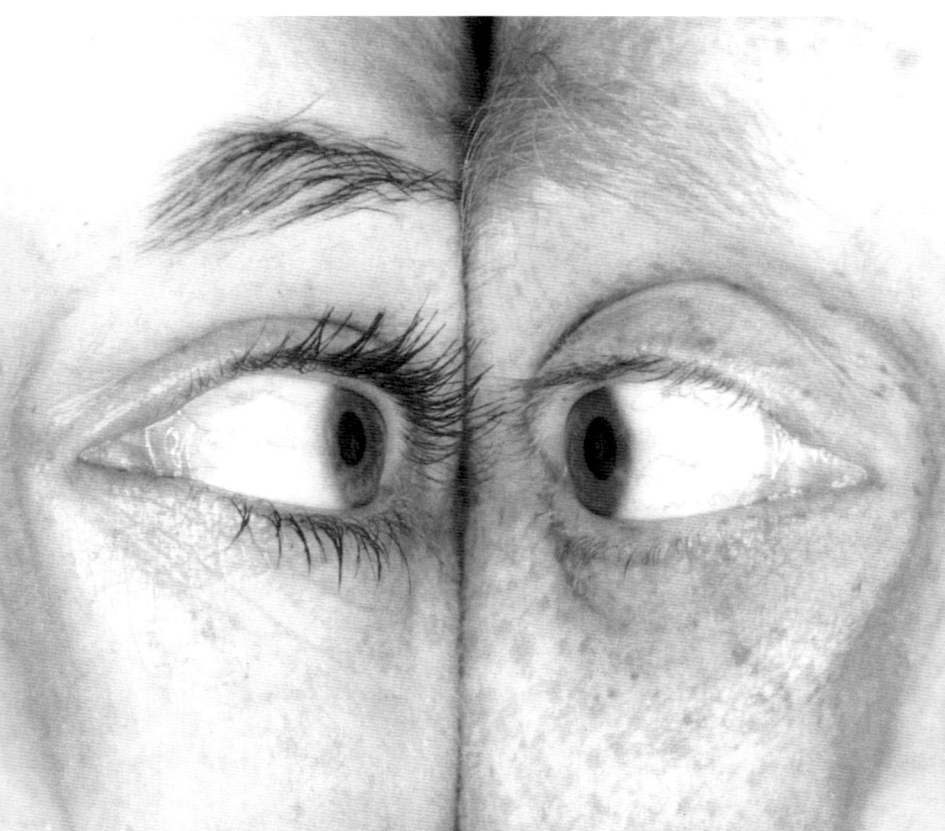

Nachdem sich das Baby ein Weilchen auf dem Bauch der Mutter ausgeruht hat, nehmen Sie es auf. Halten Sie es in den Armen, Haut an Haut gegen Ihre Brust. Ihr kleiner Sohn bzw. Ihre kleine Tochter wird Sie anfänglich vorrangig mit Hilfe von Tast- und Geruchsinn erkennen. Dieses Erlebnis wird sich Ihrem Kind tief ins Gedächtnis schreiben: Ihr Kind wird in seinem Leben noch viele Augenblicke erleben, in denen ihm dieser Geruch das Gefühl von Geborgenheit vermittelt. Und natürlich ist dies auch für Sie ein unvergesslicher Moment – schließlich haben Sie neun Monate Schwangerschaft hinter sich gebracht!

Genießen Sie den Augenblick

Sowohl Mutter als auch Kind sind anfangs höchstwahrscheinlich etwas benommen. Zum Glück drängt jetzt überhaupt nichts. Sie haben alle Zeit der Welt, um sich näher kennen zu lernen. Zu achten ist einzig darauf, dass das Baby es warm hat. Genießen Sie diesen Augenblick! Überlegen Sie, wie Sie die Geburt des neuen Erdenbürgers feiern wollen, und zeigen Sie der jungen Mutter Ihre Liebe und Wertschätzung.

Operative Entbindungen

Operative Entbindungen sind medizinisch kompliziertere Fälle und müssen gewöhnlich stationär erfolgen. Auch wenn Ihnen eine Entbindung im Krankenhaus grundsätzlich nicht behagt und zu unpersönlich erscheint, ist sie doch die sicherste Alternative für Mutter und Kind. Zudem tut das Personal meist alles, um das Ereignis so angenehm wie möglich zu gestalten.

Kevin: »Wir mussten Lynn schließlich doch ins Krankenhaus bringen, nachdem sie daheim über eine Stunde lang gepresst hatte und das Baby sich trotzdem nicht vom Fleck rührte. Ich betrat den Kreißsaal und sah Lynn im Gynäkologischen Stuhl liegen, die Beine in der Luft, die Füße in Steigbügeln. Zwischen ihren Beinen baumelte eine Kette. Ich fühlte mich unsäglich schuldig: Ich hatte Lynn in diese Situation gebracht, weil ich ein geiler Bock war. Nicht vergebens hat man uns eingebläut, dass Sex etwas Verbotenes ist. In den Geburtsvorbereitungskursen hatte man uns die Saugmethode erklärt; es klang gar nicht so schlimm, eine Saugglocke auf den Schädel des Kindes zu setzen und mit ihrer Hilfe beim Pressen Zug auszuüben. Nicht im Entferntesten war ich auf die Brutalität vorbereitet, mit der meinem Baby fast die Kopfhaut abgerissen wurde, während die Ärzte die Beine gegen den Stuhl stemmten, um besser ziehen zu können ... sie hätten Lynn genauso gut auf eine Folterbank spannen können.«

Geburtszange und Saugglocke kommen zum Einsatz, wenn aus irgendeinem Grund die Mutter nicht in der Lage ist, das Baby aus eigener Kraft aus dem Geburtskanal zu pressen, oder zum Wohl des Kindes möglichst schnell gehandelt werden muss. Es versteht sich von selbst, dass beide Methoden nur dann verwendet werden, wenn alle anderen Möglichkeiten ausgeschöpft sind. Sie und Ihre Partnerin werden kaum die Zeit finden, über das Geschehen genau nachzudenken. Gewöhnlich ist die Gebärende völlig benommen vor Erschöpfung. Dennoch mag es sein, dass sie das Gefühl hat, versagt zu haben, und/oder Angst um ihre und die Gesundheit des Babys hat. Sie, der Vater, werden in der Hektik wahrscheinlich ignoriert, während das Geburtshilfeteam die nötigen Vorbereitungen trifft und Furcht erregend aussehende Instrumente auspackt.

Sturzgeburten: Wenn das Baby es eilig hat

Sollte Ihr erwarteter Nachwuchs zu den (sehr wenigen) Babys zählen, die es plötzlich schrecklich eilig haben und unbedingt vor der Ankunft im Krankenhaus das Licht der Welt erblicken wollen, sollten Sie sich vor allem an eines erinnern: Es besteht überhaupt kein Grund zur Panik! Babys, denen es pressiert, gleiten in aller Regel problemlos und ohne jegliche fremde Hilfe durch den Geburtskanal.

Entbindung zu Hause

Wenn Sie daheim sind, setzen Sie sich auf den Boden, denn Babys sind nicht besonders wild auf Bungeejumping. Ziehen oder drehen Sie das Kind während der Geburt nicht, sondern lassen Sie es ganz langsam herausgleiten; halten Sie nur Ihre Hände hin, um es aufzufangen. Liegt die Nabelschnur um den Hals, schieben Sie sie vorsichtig beiseite. Das Neugeborene ist feucht und glitschig – achten Sie also darauf, dass es Ihnen nicht aus den Händen rutscht. Legen Sie es möglichst rasch auf den Bauch seiner Mutter. Bereiten Sie rechtzeitig einige Handtücher und eine warme Babydecke vor, die griffbereit liegen müssen: Neugeborene kühlen sehr rasch aus! Trocknen Sie das Kleine deshalb gut ab und wickeln Sie es warm ein, stets dicht am Körper der Mutter. Vergessen Sie nicht, auch das Köpfchen zu schützen. Halten Sie alle Fenster und Türen geschlossen, um Zugluft zu vermeiden, und heizen Sie gegebenenfalls das Zimmer ein.

Setzt die Geburt ein, während Sie zu Hause sind, lassen Sie den Notarzt kommen. Wenn die Zeit es zulässt, können Sie die Hebamme bzw. Arzt/Ärztin oder die Klinik anrufen. Man wird Sie beruhigen und Ihnen am Telefon sagen, was Sie zu tun haben.

Der erste Atemzug

Babys, die sich sozusagen selbst auf die Welt geholfen haben, fangen im Regelfall selbstständig zu atmen und zu schreien an.

Zunächst sieht Ihr Kind womöglich noch ein bisschen bläulich aus, aber sobald es zu atmen beginnt, nimmt es sehr rasch eine rosige Farbe an. Scheint ihm das Atmen Schwierigkeiten zu bereiten, nehmen Sie es hoch, klopfen ihm sanft auf die Brust und trocknen es dann mit einem sauberen Tuch ab. Diese Stimulation sollte in aller Regel genügen, um die Atmung anzuregen.

Die Nachgeburt

Schneiden Sie die Nabelschnur nicht durch und ziehen Sie nicht an ihr. Sie hört gewöhnlich von selbst auf zu pulsieren. Eine viertel bis halbe Stunde nach dem Baby dürfte die Nachgeburt erfolgen. Nach dem Ausstoßen der Plazenta, des Mutterkuchens, ergießt sich ein Schwall Blut. Anschließend zieht sich die Gebärmutter zusammen, um weitere Blutungen zu verhindern.

Haben Sie eine Plastiktüte parat, legen Sie die Plazenta samt der anhängenden Nabelschnur hinein; Hebamme oder Notarzt werden diese später mit einer sterilen Schere durchtrennen und abbinden. Sie haben also jede Menge Zeit, Ihr Baby zu bewundern.

Sturzgeburt auf dem Rücksitz

Pressiert es mit der Fahrt zum Krankenhaus, sollte Ihre Frau auf der Rückbank Platz nehmen, wo sie die Füße hochlegen und sich quer setzen kann. Sollte Ihre Partnerin unterwegs das Kind bekommen: Bewahren Sie die Ruhe! Riskieren Sie keinen Unfall, indem Sie rote Ampeln überfahren etc. Denken Sie daran: Babys, die es eilig haben, finden den Weg in die Welt zumeist problemlos von selbst. Fahren Sie weiter. Steuern Sie die nächste Klinik an, auch wenn es nicht die ist, in der Sie angemeldet sind. Selbstverständlich ist das Handeln auch von der Situation abhängig, zum Beispiel davon, ob Sie ein Telefon bei sich haben oder jemanden bitten können, Hilfe zu holen. Erinnern Sie Ihre Frau daran, das Baby abzutrocknen und es warm einzupacken. Sagen Sie ihr, dass alles in bester Ordnung ist und sie ihre Sache großartig macht. Hauptsache, Sie bleiben ruhig.

Das Abnabeln

Ist abzusehen, dass es länger dauern wird, bis Hilfe kommt, können Sie auch selbst die Nabelschnur durchtrennen und abbinden. Sterilisieren Sie eine kleine Schere mindestens zehn Minuten lang in einem Topf mit kochendem Wasser. Binden Sie die Nabelschnur etwa drei bis vier Zentimeter von ihrer Einmündung in den Bauch des Babys entfernt mit sauberem Garn doppelt, das heißt an zwei Stellen, ab. Durchtrennen Sie die Schnur dann mit der sterilen Schere etwa zwei Zentimeter hinter der letzten Abbindung. Die Schnittstelle dürfte nicht oder nur wenig bluten. Da in der Nabelschnur keine Nerven verlaufen, wird das Baby nichts spüren. Das Ende der Nabelschnur muss nicht verbunden werden.

Wenn Ihre Partnerin Blutungen bekommt

✗ Bevor Sie irgendetwas anderes tun, bestellen Sie Notarzt und Krankenwagen.

✗ Legen Sie eine Hand kurz oberhalb des Nabels auf den Bauch Ihrer Partnerin und massieren Sie sanft, aber mit Druck die obere Partie der Gebärmutter.

✗ Legen Sie das Baby an die Brust der Mutter, um die Ausschüttung des Hormons Oxytozin anzuregen. Oxytozin bewirkt Kontraktionen der Gebärmuttermuskulatur, wodurch die Blutgefäße eingeengt werden und die Blutung zum Stillstand gelangen kann.

Vergessen Sie das Staunen nicht

Vergessen Sie über der Hektik und trotz aller Sorgen nicht die Ehrfurcht und das Staunen über die Geburt eines – Ihres! – Kindes. Für die meisten Männer ist dieser Moment einer der Höhepunkte ihres Lebens. Manche finden ihn sogar sexuell erregend.

Tony: »Ich erinnere mich noch genau, wie aufregend es war, als das Köpfchen aus dem Leib der Mutter zu gleiten begann, aus der Vagina meiner Frau, in der ich Augenblicke innigster Vereinigung erlebt hatte und durch die nun mein Kind den Weg auf diese Welt fand. Wir wussten nicht, welches Geschlecht es hatte. Und dann war es mit einem Mal da, ganz plötzlich: ein klei-

nes Mädchen! Die Augen noch geschlossen, und blutverschmiert – aber bezaubernd schön. Es zuzelte an der Brust seiner Mutter, was auch ich mit Lust und Liebe getan hatte. Dann wickelten sie meine Tochter in ein Tuch und gaben sie mir in den Arm. Welch winziges, kostbares, neu geborenes Geschöpf! Ich legte die Kleine an meine linke Schulter und atmete tief ihren Duft ein, voller Angst, sie fallen zu lassen, und überwältigt von Zärtlichkeit für sie und ihre Mutter. Ich platzte regelrecht vor Stolz und wurde von einem heftigen Verlangen gepackt, sie zu beschützen, zu behüten und lieben. Ich betete sie von diesem ersten Moment an. Als ich sie roch, erfüllten mich Freude und Erstaunen – und eine unbeschreiblich tiefe Liebe zum Leben und insbesondere zu diesem jungen, winzigen Lebewesen. Die Geburt meiner Tochter zu erleben, war die ergreifendste Erfahrung, die ich in meinem Leben gemacht habe.«

Barbara, eine Großmutter: »Die Freude, meine Enkeltochter auffangen zu dürfen, als sie das Licht der Welt erblickte, wurde noch gesteigert durch die Verbundenheit ihrer Eltern Ursula und George, die ihr Baby sozusagen gemeinsam geboren hatten. Es war eine furchtbar anstrengende Geburt: Über zwei Tage zogen sich die Wehen hin. George hielt durch, ohne zu schlafen. Er war Ursulas Fels, wenn sie vor Erschöpfung weinte, er machte ihr Mut, wenn sie die Hoffnung verlor. Und als es aussah, als müssten sie doch ins Krankenhaus, sagte er einfach: ›Komm Pops, wir schaffen das schon – lass uns ein Stückchen laufen.‹

George ließ meine Tochter nicht einen Augenblick allein. Am letzten Tag ging er nicht einmal mehr zur

Toilette. Die beiden spazierten neun Stunden lang durch den Garten. Alle drei Minuten blieb er ruhig stehen und stützte Ursula, wenn sie sich während einer Kontraktion an ihn klammerte. Die zwei redeten nicht viel, nur einige wenige Worte zur rechten Zeit, und schließlich bekamen sie ihr Baby auf ganz natürlichem Weg daheim, bei sich zu Hause.

Ich werde nie vergessen, wie gerührt und stolz ich war zu sehen, wie die beiden Kesiah gemeinsam zur Welt brachten. Dabei Zeugin gewesen sein zu dürfen, das empfinde ich als ein großes Geschenk.«

Widerstreitende Gefühle

Wie unsere Umfrage erbracht hat, wurde es in sehr vielen Fällen als unwichtig abgetan, wie der Vater die Geburt erlebt hat. Seine Gefühle wurden weder vom Krankenhauspersonal noch von der Mutter und oft nicht einmal vom Mann selbst gewürdigt. Andererseits haben uns Väter auf ergreifende Weise beschrieben, wie sie die Geburt an der Seite ihrer Partnerin erfahren haben. Die Palette der geschilderten Gefühle reicht von Zorn und Widerwillen über Bestürzung, Verlorenheit, panische Angst und Schrecken bis hin zu Freude, Stolz und Glückseligkeit.

Simon: »Ich musste raus aus dem Zimmer. Ich ließ sie zurück. Ich fühlte mich so machtlos. Ich konnte einfach nicht zusehen, wie die Frau, die ich liebte, vor meinen Augen starb. Ich glaubte tatsächlich, sie würde sterben.«

Rechte eines Neugeborenen

Ein neues Baby hat das Recht darauf:

✗ einen Vater zu haben, der die Verantwortung des Vaterseins annimmt

✗ von seinem Vater in den Arm genommen zu werden

✗ die Stimme seines Vaters zu hören

✗ die Hände und Arme seines Vaters zu spüren

✗ die Vibrationen der väterlichen Stimme wahrzunehmen

✗ das Gesicht seines Vaters zu sehen

✗ die Muskeln und Haare seines Vaters zu fühlen

✗ den Geruch seines Vaters aufzusaugen

✗ mit seinem Vater zu spielen

✗ sich bei seinem Vater glücklich und geborgen zu fühlen

✗ ohne Furcht vor Missbrauch zu leben

✗ einen Vater zu haben, der in seinem Beisein weder Alkohol trinkt noch raucht

✗ einen Vater zu haben, der gibt, ohne dafür eine Gegenleistung zu erwarten

✗ stets jemanden um sich zu haben, der für es sorgt

✗ so viele Großeltern zu haben wie möglich

✗ einen Vater zu haben, der den Nöten seines Kindes Beachtung schenkt

✗ einen Vater zu haben, der sich um sein Kind kümmert

✗ einen Vater zu haben, der es baden, füttern und
   wickeln kann

✗ zu wissen, dass es von seinem Vater geliebt wird

✗ Eltern zu haben, die einander respektieren.

ZET ZUM FEIERN!

Feiern hilft uns, unsere neue Rolle als Vater positiv anzugehen und uns in sie einzuleben.

Willkommen: Du bist uns wichtig!

Aus Anlass der Geburt abgehaltene Zeremonien drücken aus, dass das Kind willkommen und wichtig ist. Wieder und wieder, noch viele Jahre später, werden Sie von der Suche nach einem geeigneten Namen erzählen und von der Taufe, der Party oder welcher Feier auch immer. Damit beweisen Sie dem Kind: »Wir haben uns dich gewünscht«, »Du warst in diesem Haus und dieser Familie von Anfang an willkommen«, »Wir waren so glücklich, dass du lebst.« Und so klein es ist, wird das Baby spüren, dass es ein einzigartiges und wunderbares Wesen ist, gewollt und wertvoll, was erheblichen Einfluss auf die Entwicklung eines gesunden Selbstwertgefühls hat. Fast alle Kinderpsychologen sind sich darin einig, dass sich die Erfahrungen der ersten sieben Lebensjahre tief in das Unterbewusstsein eingraben und die Weichen für den weiteren Werdegang stellen.

Ergreifen Sie die Initiative

Machen Sie den ersten Schritt. Überlassen Sie nicht alles der Mutter. Sprechen Sie zunächst mit Ihren männlichen Freunden. Sagen Sie dann Ihrer Partnerin, wie Sie sich das Fest vorstellen und wen Sie dazu einladen möchten. Einigen Sie sich gemeinsam auf eine Feier, die Ihnen beiden gefällt.

Wie wollen Sie die Geburt feiern?

Arten, das freudige Ereignis zu begehen, gibt es so viele, wie Ihnen einfallen. Am üblichsten sind wohl die folgenden Feiern und Rituale:

Taufe

Die christliche Taufe ist das in der westlichen Kultur am weitesten verbreitete Ritual anlässlich der Geburt eines Kindes. . Manche halten sie für altmodisch, andere messen ihr die vorrangige ursprüngliche Bedeutung bei: die Befreiung von der Erbsünde, damit das Kind auch bei unerwartet frühem Tod in den Himmel aufgenommen werde. Heute feiern die meisten eine Kindstaufe deswegen, weil sie sie als rituelle Geste der Anerkennung der Reinheit des Kindes und seiner Unschuld vor Gott betrachten, die mit der Heil bringenden Segnung durch einen Geistlichen einhergeht. Wir meinen: Jede Zeremonie hat in erster Linie die Bedeutung, die Sie ihr geben; das Entscheidende ist, dass sie Ihnen überhaupt etwas bedeutet.

Eine christliche Taufe enthält alle wesentlichen Merkmale herkömmlicher Geburtsrituale:

✗ Sie sagt Dank.

✗ Sie verkündet den Namen des Kindes.

✗ Sie findet an einer geheiligten bzw. spirituell bedeutsamen Stätte ab.

✗ Sie segnet das Kind.

✗ Sie ernennt Paten als mitverantwortliche Erzieher, Beistand und Fürsprecher des Kindes.

Namensverleihung

Bei traditionellen Ritualen wird der Name des Kindes feierlich vor der Familie, der Großfamilie, der Gemeinde, dem Clan oder Stamm verkündet. Häufig stellt der gewählte Name einen Bezug zur Gemeinschaft her, zum Beispiel wenn das Kind den Namen des Vaters/der Mutter, des Großvaters/der Großmutter oder eines anderen Vorfahren erhält. Manchmal ist mit dem Namen eine Geschichte oder Bedeutung verknüpft, die bei der Feier erzählt und dauerhaft eng mit dem Wesen des Kindes verbunden wird. Eine weitere Sitte besteht darin, den Familienstammbaum in Erinnerung zu rufen und damit die Verwandten in das Ereignis und die Verantwortung für das Kind einzubinden. Kinder allein aufziehen ist eine schwere Aufgabe; nimmt die gesamte Familie oder Gemeinschaft daran Anteil, werden die Lasten verteilt.

Im Verlauf der Feier wird zu einem bestimmten Zeitpunkt der Name des Kindes verkündet. Dies können die Eltern tun oder eine andere Person, zum Beispiel ein älteres Mitglied der Familie/Gemeinschaft.

Begrüßungsrituale

Viele Kulturen kennen halboffizielle Rituale zur Begrüßung neugeborener Kinder. Häufig nimmt der Vater dabei das Baby auf den Arm und präsentiert es der wartenden Familie oder Gemeinschaft. Nicht selten hält er es allen sichtbar in die Höhe und lässt es herumreichen. Diese Geste mag Ausdrucksform patriarchalisch geprägter Gesellschaften sein, in denen Kinder als Besitz der Väter betrachtet wurden und werden. Nicht zuletzt aber äußert sich in ihr auch liebevoller väterlicher Stolz. Nachdem es inzwischen eher die Frauen sind, die ein Eigentumsrecht an den Kindern beanspruchen, wäre es schön, wenn mehr Männer ihr Baby herumtragen würden, um aller Welt zu zeigen, mit welchem Stolz der Familienzuwachs sie erfüllt.

Andy: »Bei der Geburt meines dritten Kindes überließ ich alles meiner Partnerin und zwei Freundinnen, die ihr Beistand leisteten. Das lag nicht daran, dass ich bei der Entbindung nicht anwesend sein wollte. Ich hatte dieses Mal einfach das Gefühl, die Sache den Frauen überlassen zu müssen. Ich wollte, um ehrlich zu sein, Folgendes: Ich wollte, dass man mir nach der Geburt das Baby bringt, wollte es dann stolz auf den Arm nehmen, es in die Höhe halten und sagen: ›Schaut her, Männer, schaut euch mein Baby an!‹ – laut und voller Stolz.«

Ein Geburtsritual der Maori

Ein Brauch bringt die innige Verbundenheit der Maori, der Ureinwohner Neuseelands, mit dem Erdboden und ihrem Ursprungsort sowie ihren Respekt vor dem Leben zum Ausdruck: Nach der Geburt eines Kindes begraben die Maori die Plazenta, den Mutterkuchen, und den vom Bauch des Neugeborenen abgefallenen Nabelschnurrest auf dem Grundstück der Familie. Die Beisetżung erfolgt an einem ausgewählten Platz im Beisein aller Bezugspersonen des Kindes. Somit werden Plazenta und Nabelschnur nicht als nutzlos gewordenes Gewebe betrachtet, sondern gewürdigt als ein Teil von Mutter und Kind, der den Embryo genährt und am Leben erhalten hat. Als Symbol für das Gedeihen des Kindes auf dieser Erde ist es auch üblich, am »Grab« einen Baum zu pflanzen.

Dieses Ritual sorgt für ein starkes Gefühl der Verbundenheit des Kindes mit dem Ort, an dem seine Plazenta beigesetzt ist. An diesen Ort kann es jederzeit zurückkehren. Sein Leben lang wird es sich ihm zugehörig fühlen und voll Liebe und Stolz an ihn denken. Das Ritual fördert den tiefen Respekt für das in Familien- oder Stammesbesitz befindliche Land. Es erinnert die Menschen daran, dass sie von der Mutter Erde abstammen, und verleiht dem Land, dem Boden spirituelle Bedeutung.

In Europa ist es nicht erlaubt, die Plazenta zu behalten. Sie wird vielmehr (um eventuelle Gefahren für die Mutter auszuschließen) in der Pathologie auf Vollständigkeit untersucht und anschließend vernichtet.

167

Einen Baum pflanzen

Bäume sind aussagekräftige Symbole für das Leben: Sie sind stark, langlebig und wachsen hoch wie die Hoffnungen, die wir für das Neugeborene hegen. Wenn Sie sich dazu entscheiden, ein Baum zu pflanzen, sollten Sie dies an einem Ort tun, der Ihrem Kind lebenslänglich zugänglich sein wird.

Wählen Sie einen Baum, von dem Sie glauben, dass er Ihre guten Wünsche für Wesen und Werdegang Ihres Kindes am besten versinnbildlicht. Wenn das Kind etwas älter ist, können Sie ihm stolz sagen, dass dieser »sein« Baum ist.

Die freudige Erwartung feiern

Einmal lud mich ein werdender Vater zu einem Fest ein, das er für seine männlichen Freunde gab. Natürlich lässt sich dies als Feier der gelungenen Zeugung interpretieren (was tatsächlich ein guter Grund zum Feiern ist). Da dieses Fest aber etwa im sechsten Schwangerschaftsmonat stattfand, war es eher Ausdruck dafür, dass der Mann seine künftige Vaterrolle akzeptierte und sich schon vor der Ankunft des Babys ganz bewusst auf die anstehende Veränderung in seinem Leben einrichten wollte.

Wir überbrachten ihm Symbole der Vaterschaft als Geschenk und Glückwünsche für das ungeborene Kind, sprachen mit ihm über seine Ängste und Hoffnungen und versuchten, ihn in seiner neuen Rolle zu bestärken, indem wir ihm von unseren Erfahrungen als Väter erzählten. Dem Mann half die Feier bei seiner seelischen Vorbereitung auf das Vatersein, während sie der werdenden Mutter signalisierte, dass ihr Partner sich aufrichtig freute und sich seiner Verantwortung für das Kind voll und ganz stellte. Außerdem gab sie seinen männlichen Freunden Gelegenheit, ihm zu versichern: »Wir sind an deiner Seite und leisten dir Beistand.«

Paten und andere Mentoren

Jedes Kind hat ein Recht darauf, als eine besondere, individuelle Persönlichkeit geschätzt und gefördert zu werden. Eine Möglichkeit, die Bereitschaft dazu von Anfang an zum Ausdruck zu bringen, besteht darin, jemandem die Mitverantwortung für das Kind zu übertragen. Diese Verpflichtung gilt bis ans Lebensende der Paten oder zumindest so lange, bis das Patenkind das Erwachsenenalter erreicht hat.

Ursprünglich sollte die Patenschaft gewährleisten, dass im Fall des Todes der Eltern jemand die Sorge für das Kind übernahm. Heute besteht ihr vorrangiger Sinn darin, dass es im Leben des Kindes eine Person gibt, die ihm vermittelt: »Du bist etwas so Besonderes, dass ich auf dich achte und an deinem Leben Anteil nehme.« Manchmal erfüllt diese Person auch spezielle Funktionen wie etwa religiöse Erziehungsaufgaben.

Ob sie Paten heißen, Mentoren oder Beschützer – sie sollten ihre Rollen ernst nehmen. Dazu gehört, dass sie dem Kind ihr Interesse bekunden, es besuchen und ihm Geschenke machen. Sie sollten für das Kind da sein, ihm zuhören und emotionale Zuwendung schenken, wenn es unter Problemen der Eltern leidet oder andere Nöte hat.

Warren: »Als Kind hatte ich eine Patentante. Nie hat sie vergessen, mir etwas zum Geburtstag und zu Weihnachten zu schenken. Es tat mir gut, ein Geschenk zu bekommen, das ich nicht mit meinen Geschwistern teilen musste. Ich war für sie etwas Besonderes. Jetzt, wo ich älter bin, sehe ich ihr größtes Verdienst darin, dass sie mich jedes Mal besucht hat, wenn sie in der Stadt war. Dabei hat sie sich genau versichert, dass es mir gut geht, und sogar über religiöse

Themen gesprochen. Ich hatte eine ziemlich schwierige Kindheit, aber Menschen wie meine Patentante haben mir geholfen, sie heil zu durchstehen. Leider ist sie gestorben, ehe ich mich bei ihr bedanken konnte.«

Danksagung

Die Danksagung ist so alt wie die Menschheit. Seit Jahrtausenden bestehen Rituale, mit denen die Menschen Göttern und Naturkräften Dank aussprechen für das neue Leben, für den Fortbestand von Familie, Sippe oder Stamm und für ihre schützende Hand. Vielfach wurden bei den Zeremonien Gaben geopfert, zum Beispiel Lebensmittel oder lebende Tiere. Im übertragenen Sinn »opfern« die Amerikaner zu Thanksgiving heute noch einen Truthahn, wenn sie ihn gebraten auf den Esstisch bringen. Selbstverständlich wollen wir nicht empfehlen, beim Bauern ein Schaf oder die Stallhasen des Nachbarn zu stehlen, aber vielleicht finden Sie Gefallen an dem Vorschlag, Freunden und Bekannten ein kleines »Dankeschön« zu überreichen. Produkte aus Küche und Garten eignen sich sehr gut dazu.

Segnung

Üblicherweise segnet ein Geistlicher im Rahmen der Geburts- oder Tauffeier das Kind. Doch auch jeder Laie kann dies tun. Sinn der Segnung ist es, Wünsche auszusprechen, die dem Kind Heil und Glück bringen sollen. Man kann die Segensworte entweder an alle Versammelten oder direkt an das Kind adressieren. Wenn Sie dies selbst tun wollen, so können Sie von Ihren Hoffnungen und Träumen für das Kind sprechen, über erstrebenswerte Begabungen und Eigenschaften wie Ehrlichkeit und Herzensgüte sowie darüber, dass Sie ihm ein glückliches, freud- und friedvolles Leben wünschen.

Speis und Trank

In den meisten Kulturen ist jedes Fest nicht nur eine Möglichkeit, Menschen zusammenzubringen und ihre Verbindung zu stärken, sondern auch ein Gaumenschmaus. Das Anbieten von Speisen und Getränken ist ein Ausdruck der Sorge um das leibliche Wohl der Gemeinschaft. Ob Hochzeit, Beerdigung oder Taufe, ob profane oder religiöse Zusammenkunft – das gemeinsame Mahl bildet einen festen Bestandteil fast jeder Feier.

Beschneidung

In vielen Kulturkreisen, so dem jüdischen und islamischen, ist die Beschneidung von Knaben ein fest verankerter Brauch. Medizinisch spricht jedoch nichts dafür, denn die hygienischen Vorteile sind überholt. Abgesehen von Traditionspflege besteht kein Grund, an dieser Sitte festzuhalten. Fragt man Eltern, weshalb sie ihren Sohn beschneiden lassen, erhält man meist zur Antwort »weil es in der Familie Brauch ist« oder »weil der Vater auch beschnitten ist«.

Wir halten die Beschneidung aus folgenden Gründen für nicht sinnvoll:

✗ Sie ist ein operativer Eingriff, der keinen therapeutischen Zweck erfüllt.

✗ Die Eltern sind in der Regel ungenügend über die Auswirkungen und das Verfahren informiert.

✗ Der Hauptbetroffene – der kleine Junge – hat kein Mitbestimmungsrecht.

✗ Sie ist unnötig und mit Risiken behaftet.

✗ Sie bringt einem wehrlosen, verletzlichen und angsterfüllten Kind Schmerzen und ein Trauma bei.

Wir meinen, Eltern sollten die Entscheidung vertagen, bis ihr Sohn erwachsen ist und selbst das letzte Wort sprechen kann. Übrigens lassen sich inzwischen manche Männer die Vorhaut operativ wiederherstellen, was kein einfacher Eingriff ist.

Fehl- und Totgeburten

Der Tod eines Babys vor, während oder kurz nach der Geburt ist ein schmerzlicher Schock, besonders wenn es die volle Zeit der Schwangerschaft ausgetragen wurde. Die Ungerechtigkeit, dass ein solch kleines, unschuldiges und hilfloses Wesen keine Chance zu leben bekommen hat, stürzt die Betroffenen in ein Gefühlschaos von Unverständnis, Wut, Trauer und Verwirrung. »Warum?«, fragen die Eltern. »Warum gerade unser Kind?«, »Ist es uns nicht bestimmt, ein Kind zu haben?«, »Was habe ich falsch gemacht?«, »War ich keine gute Mutter?« Nicht selten keimen Eifersucht auf und Neid beim Anblick von Eltern, die überdies ihre Kinder nicht genügend zu lieben scheinen ... Wir empfehlen eine Trauerfeier, bei der solche Gedanken ehrlich ausgesprochen werden können und die dafür sorgt, dass die Betroffenen in der Zeit ihrer Trauerarbeit Trost und Beistand finden. Sehr wichtig ist, dass Sie als Vater sich mit ganzem Herzen einbringen.

Individuelle Rituale

Heutzutage fühlen wir uns weniger gebunden an die Vorschriften von Institutionen und Gebräuchen und damit freier, die Ereignisse unseres Lebens entsprechend unseren eigenen Vorstellungen zu interpretieren und abzuwandeln. Vielleicht steht Ihnen der Sinn danach, aus Anlass der Geburt Ihres Kindes ein ureigenes Ritual zu kreieren. Mit einem solchen Ritual gießen Sie Ihre Ansichten, Empfindungen und Bedürfnisse in eine höchst persönliche Form.

Vergessen Sie darüber nicht, dass das Einhalten eingeführter Zeremonien einer sozialen Gemeinschaft, zum Beispiel der Familie, das Gefühl von Beständigkeit, Zusammengehörigkeit und Verlässlichkeit verleiht. Die Mitglieder wissen, woran sie sind. Wenn Sie ein individuelles Ritual schaffen wollen, sollte Ihnen dies ein dringliches Anliegen sein und sehr viel bedeuten.

Andenken

Auch ohne aufwendige Zeremonien können Sie Ihrem Kind Ihre Liebe und Wertschätzung beweisen. Der Möglichkeiten gibt es viele. Ein von Geburt an geführtes Fotoalbum zum Beispiel ist ein aufmerksamer Begleiter der Entwicklung des Kindes und später eine unersetzliche Gedächtnisstütze.

Andrew: »Ein Foto zeigt meinen Vater, wie er auf einem Felsblock sitzt und mich – ich war ungefähr neun Monate alt – füttert. Es ist das warmherzigste und liebevollste Foto, das ich von uns beiden habe. Für mich ist es unsagbar kostbar, weil es mir beweist, dass mein Vater mich damals schon sehr geliebt hat.«

Heben Sie Videos, Aufzeichnungen von Stimmen und Unterhaltungen, Fotos und andere Andenken (zum Beispiel ein Bändchen, an dem das Baby gern genuckelt hat, oder die

Glückwunschkarten zur Geburt), Vermerke über Gewicht und Entwicklungsfortschritte sowie andere Dokumente unbedingt auf. Solche Dinge gewinnen an Bedeutung. Wenn Ihr Kind danach fragt, stehen Sie nicht mit leeren Händen da. Jeder Mensch stellt sich früher oder später die Frage, ob er ein Wunschkind war: Mit ein paar Erinnerungsstücken zeigen Sie dem Kind, dass es gewollt und umsorgt war. Und so wird es eher verstehen, wie viel Mühe und bisweilen auch Kummer es Ihnen bereitet hat.

Feiern Sie ausgiebig!

✗ Feiern zeigt dem Baby, dass es wichtig ist.

✗ Es bringt die Bedeutung des Ereignisses für die gesamte Familie zum Ausdruck.

✗ Es gibt anderen Menschen Gelegenheit, ihre Unterstützungsbereitschaft zu signalisieren.

✗ Es fördert das Zusammengehörigkeitsgefühl von Familie und Gemeinschaft.

✗ Es gibt unserem Leben Sinn.

Es braucht ein ganzes Dorf, um ein Kind großzuziehen.
Afrikanisches Sprichwort

»STILLENDE«
VÄTER

Sind die Aufregungen der Geburt vorüber, geht es an die alltäglichen Aufgaben – zum Beispiel das Füttern. In der wundervollen Welt der Babys gibt es einige wenige Bedürfnisse, die wir Männer beim besten Willen nicht befriedigen können. Zu ihnen gehört das Stillen: Mann fehlen dazu einfach die körperlichen Voraussetzungen. Aber vielleicht ist das angesichts der sonstigen Pflichten und Lasten, die wir tragen müssen, gar nicht einmal so schlecht.

Muttermilch ist die perfekte Babynahrung: Sie enthält alle notwendigen Nährstoffe in der exakt richtigen Zusammensetzung und darüber hinaus Antikörper gegen Infektionen. Außerdem kommt sie aus einer sehr kuscheligen Quelle. Die enge Beziehung, die sich zwischen einer stillenden Mutter und ihrem Kind entwickelt, ist der natürlichste Weg, dem Kind das Gefühl von Sicherheit und Geborgenheit zu vermitteln.

Muttermilch ist gesund

Allergien gegen Muttermilch treten bei Säuglingen so gut wie nie auf, während mit Fläschchennahrung aufgezogene

Babys siebenmal öfter allergische Reaktionen zeigen. Weitere gesundheitliche Vorteile des Stillens sind selteneres Auftreten von

✗ entzündlichen Darmerkrankungen

✗ Asthma

✗ Lymphomen (vom Lymphknoten ausgehende Geschwülste).

Säuglinge, die gestillt werden, besitzen stärkere Abwehrkräfte und sind weniger anfällig für den plötzlichen Kindstod.

Stillen – so funktioniert's

Während der Schwangerschaft vergrößern sich die weiblichen Brüste und beginnen mit der Bildung des so genannten Kolostrums: Diese dickflüssige, gelbliche Vormilch wird schon vor und einige Tage nach der Geburt gebildet, ehe die reife Muttermilch einschießt. Sie ist für das Neugeborene von unschätzbarem Wert. Denn sie ist besonders reich an Eiweiß, Vitaminen, Mineralien und Antikörpern und stärkt so die Abwehrkräfte des Babys gegen eine Vielzahl von Infektionen.

Am besten legt man das Baby gleich nach der Geburt auf den Bauch der Mutter und lässt es sich dort bis nach dem ersten Stillen ungestört ausruhen. Mutter und Kind sind nach etwa zwanzig Minuten zum ersten Stillen bereit.

Mütter, die bereits innerhalb der ersten Stunde nach der Geburt stillen, entwöhnen Säuglinge in der Regel später als jene, die mit dem ersten Füttern einige Stunden warten. Frühes Stillen vermittelt dem Neugeborenen Geborgenheit in der ihm noch fremden Umgebung und unterstützt das Herstellen einer innigen Beziehung zwischen Mutter und Kind. Außerdem zieht sich beim Stillen die Muskulatur der Gebärmutter zusammen, was die Rückbildung der Geburtsorgane fördert.

Als Vater müssen Sie möglicherweise dafür sorgen, dass das Pflegepersonal Mutter und Kind genug Zeit für dieses erste Kennenlernen lässt. (Es besteht überhaupt kein Grund zur Eile!) Machen Sie es Ihrer Partnerin bequem und sprechen Sie ihr gegebenenfalls gut zu; bei Erstgeburten kann das Stillen für sie eine ebenso qual- wie genussvolle Erfahrung sein. Wenn Sie sich zu beiden kuscheln, merkt das Baby schon früh, dass es zwei Menschen gibt, die es umsorgen und zu ihm in innigem Kontakt stehen.

Alles, was ein Baby braucht

Jede Brust richtet sich unabhängig von der anderen bei der Milchbildung nach Angebot und Nachfrage: Je mehr das Baby saugt, desto mehr Milch wird erzeugt. Bei Frauen, die dieses simple Prinzip verstehen und sich in Ruhe dem Stillen widmen können, tritt höchst selten der Fall ein, dass sie nicht genug Milch produzieren können. In der Regel sind zusätzliche flüssige Nahrung (zum Beispiel Wasser oder Fläschchennahrung) überflüssig und im Gegenteil eher schädlich: Der Hunger des Babys lässt nach, daher saugt es weniger, was wiederum zu verringerter Milchbildung führt. Dies kann das Vertrauen der Mutter in ihre Fähigkeit, das Baby ausreichend zu nähren, untergraben und das Einschießen oder den freien Fluss der Milch verhindern. Gleichzeitig wird das Kind verstärkt der Gefahr von Infektionen und Allergien ausgesetzt. Ferner kann frühes Überfüttern langfristig Gewichtsprobleme bewirken. Macht das Stillen Schwierigkeiten, müssen Sie Geduld beweisen und Hilfe suchen. Es gibt gute Bücher zu diesem Thema, und auch Ihre Hebamme weiß sicherlich Rat.

Wie Mütter die Stillzeit empfinden

Für die meisten Mütter ist das Stillen eine unvergesslich schöne Erfahrung, die sie um keinen Preis missen möchten. Die Stillzeit bedeutet jedoch auch eine gewaltige Umstellung, und es gibt Phasen, in denen der Frau alles über den Kopf zu wachsen scheint. Manchmal fällt es sehr schwer, Stunden im Sitzen zu verbringen und übrigen Aufgaben kaum mehr nachkommen zu können.

Ganz gleich ob ein Baby gestillt wird oder das Fläschchen bekommt: Es dauert bis zu anderthalb Stunden vom Beginn des Stillens bis zu dem Zeitpunkt, an dem das Baby wieder abgelegt werden kann. Säuglinge müssen fünf bis sechs Mal pro Tag gefüttert werden, was sich zu einem 10- bis 15-Stunden-Tag summiert – und das allein zum Füttern und Wickeln. Sind weitere Kinder im Haus, aber keine Hilfe verfügbar, kann dies schwerlich gut gehen. Dann ist es nur zu verständlich, wenn die Frau sich im Stich gelassen fühlt und als ungerecht empfindet, dass ihr Partner trotz Kind(ern) so viel mehr unternehmen kann.

Es ist für den Körper sehr anstrengend, Milch zu bilden und monatelang nicht durchschlafen zu können; er verbraucht etwa 25 Prozent seiner Energie zur Erzeugung der Milch. Stillende Mütter haben die Auswirkungen des Schlafentzugs beschrieben, als leide man ständig unter Jetlag und sei völlig ausgelaugt: unfähig zu denken, eine Unterhaltung zu Ende zu führen, vergesslich … Sie konnten sich kaum vorstellen, jemals wieder ein Buch zu lesen oder in den Beruf zurückzukehren.

Auch arbeitende Väter brauchen eine Auszeit

In einer Kurzgeschichte schreibt Helen Simpson, sie habe sich als stillende Mutter »vor Selbstmitleid ganz elend, gereizt und völlig verzweifelt« gefühlt. Den ganzen langen Tag freute sie sich auf die Heimkehr ihres Partners, aber sobald er abends ins Zimmer trat und sie den Mund aufmachte, kam nichts heraus als »Kröten und Vipern«. Von »Kröten und Vipern« empfangen zu werden, das aber, kann vor allem wenn es zur Regel wird, selbst dem gutmütigsten Vater das Nachhausekommen verleiden.

Viele berufstätige Männer (und übrigens auch Frauen) wollen sich erst einmal zehn Minuten ausspannen, wenn sie von der Arbeit heimkommen. Sie brauchen diese zehn Minuten als Übergangszeit für ihren Rollenwechsel. Aus Sicht ihrer an das Kind gebundenen Partnerin ist das freilich schwer zu begreifen. Vielleicht war sie bereits um zwei Uhr nachmittag restlos erschöpft, fand erst um drei Uhr eine halbe Stunde Zeit für sich selbst und hat jetzt dringend Erholung nötig. Wenn in diesem Haus jemand zehn Minuten Verschnaufpause verdient, dann sie!

Wenn auch Sie – was vollkommen verständlich wäre – diese »Auszeit« benötigen, um die Arbeitswelt hinter sich zu lassen und sich auf die häusliche Welt einzustellen, dann müssen Sie dies Ihrer Partnerin vermitteln. Es ist äußerst wichtig für Ihre Beziehung, dass Sie beide aufeinander Rücksicht nehmen. Ihre Partnerin wird verstehen, dass Sie nicht bedrängt werden wollen, kaum dass Sie zur Tür herein kommen. Am besten setzen Sie sich stattdessen ein Weilchen zusammen und entspannen gemeinsam.

Die Rolle des Vaters in der Stillzeit

Laut Empfehlungen von WHO und UNICEF sollte eine Mutter im Idealfall mindestens sechs Monate ohne Zusatznahrung stillen und wenn möglich anschließend noch ein Jahr lang, wobei das Kind nach und nach an feste Nahrung gewöhnt wird.

Bei uns in Neuseeland und Australien stillen zunächst die meisten Frauen, doch dann fällt die Quote sehr rasch, und mit sechs Monaten bekommt gerade einmal die Hälfte der Kinder noch Muttermilch zu kosten. Schuld an dieser Entwicklung haben mehrere Faktoren, darunter widersprüchliche Ratschläge, unsensible Krankenhausroutine, Mangel an professioneller Hilfe und die Tatsache, dass die Gesellschaft das Stillen, insbesondere in der Öffentlichkeit, nur halbherzig unterstützt.

Eine mindestens ebenso bedeutende Rolle wie die oben genannten Punkte spielt die Einstellung des Vaters zum Stillen. Eine kürzlich durchgeführte Studie belegt, dass Männer zwar während der Schwangerschaft eine sehr positive Einstellung zum Stillen haben, diese jedoch nach der Geburt deutlich abnimmt. Die Studie macht für den väterlichen Gesinnungswandel drei Faktoren verantwortlich:

✗ Die Männer empfanden das Stillen als Hindernis, eine Beziehung zum Kind aufzubauen.

✗ Sie glaubten ihrer Elternrolle schlecht nachzukommen, da sie sich der Mutter entfremdet fühlten und deren innige Beziehung zum Kind sie eifersüchtig machte.

✗ Sie empfanden es als demoralisierend, dass sie ihr schreiendes Baby nicht beruhigen konnten, während die Mutter nichts weiter tun musste, als ihm die Brust zu geben.

Muttermilch aus Vaters Hand

Stillen ist die natürliche Aufgabe der Mutter, doch kommt es vor, dass der Vater als Retter in der Not einspringen muss. Es gibt Milchpumpen zu kaufen, die der Mutter ermöglichen, ihre Milch abzusaugen und in Flaschen abzufüllen. So können sich Brustwarzen und Körper erholen – und Sie als Vater endlich auch einmal zum Zuge kommen. Selbst das hungriges Mäulchen Ihres Babys zu füttern, dies kann Ihnen ganz neue Dimensionen der Nähe und Liebe eröffnen. Für Notfälle lässt sich die Milch auch tiefgefrieren.

Strenge Verfechter des Stillens werden das kaum unterstützen, weil es ihrer Ansicht nach den Wert dieser Erfahrung mindert und außerdem die Mutter von der Stillgewohnheit abbringt. Uns ist klar, dass man es weder als Ersatz für das Stillen noch als Übergang zur Fläschchenernährung betrachten darf. Es gibt keinen Ersatz für die Muttermilch und nichts Besseres für das Baby als das Stillen.

Mit Milch prall gefüllte Brüste können schmerzen, und das Abpumpen und Einfrieren der Milch ist keineswegs problemlos. Am besten ist Muttermilch nun einmal in der Brust aufgehoben.

Fertignahrung

Ist die Frau körperlich nicht in der Lage zu stillen, kann es für den Vater eine sehr schöne und Vertrauen schaffende Aufgabe sein, dem Baby das Fläschchen zu geben. Man muss sich jedoch darüber im Klaren sein, dass möglicherweise Allergien auftreten – und vor allem darauf achten, dass die Milch exakt temperiert ist.

Unterstützen Sie Ihre Partnerin praktisch ...

Was auch immer geschieht: Gerade in der Stillzeit müssen Sie Ihre Rolle als Vater ernst nehmen. In den ersten Wochen des Stillens erwarten die meisten Frauen erhöhte Einsatzbereitschaft ihres Partners. Verweigern Sie sich, bekommt Ihre

Partnerin leicht das Gefühl, zwischen zwei Stühlen zu sitzen. Allerdings sollten Sie sich darauf einstellen, dass Ihr Engagement wahrscheinlich darauf hinauslaufen wird, dass nun Sie sich verstärkt, wenn nicht vorwiegend, um das Essen, die Hausarbeit und gegebenenfalls die übrigen Kinder kümmern.

»Wie kann ich dir helfen?«»Welche Aufgaben soll ich diese Woche übernehmen?« Diese und ähnliche Fragen werden die wichtigsten in dieser Phase sein. Beim ersten Kind ist das Stillen für die Frau oft keine einfache Aufgabe, sondern mit vielen Unsicherheiten belastet. Umso mehr ist Ihre Partnerin darauf angewiesen zu wissen, dass Sie hundertprozentig hinter ihr stehen – selbst wenn sie nicht genau sagen kann, wie Ihre Unterstützung auszusehen hat! Vermutlich müssen Sie Ihre individuellen Aktivitäten deutlich einschränken, wenn Ihr Baby ein oder zwei Jahre gestillt wird, aber dieses »Opfer« dient nicht allein dem Wohl des Babys, sondern auch Ihrer Partnerschaft.

... und emotional

Die Zuwendung und Fürsorge, die sie dem Baby zukommen lassen, nimmt so manche Frauen dermaßen in Beschlag, dass sie kaum mehr Zeit und Energie für ihren Partner finden. Es kann daher geschehen, dass Sie sich ausgeschlossen fühlen. Vielleicht haben Sie erwartet, das Baby umsorgen zu dürfen – und jetzt verlangt Ihre einst so starke Partnerin (die womöglich früher Sie umsorgt hat), dass Sie sich um ihr Wohlergehen kümmern. Sehen Sie die Stillzeit als einmalige Chance, Fürsorglichkeit zu entwickeln. In Zeiten von Stress und starker Anspannung wollen viele Männer etwas tun, möglichst etwas Sinnvolles. Diesmal hat die Frau den aktiven Part, und Ihr bester Beitrag als Mann und Vater besteht darin, dass Sie:

✗ nicht den Macher spielen, sondern versuchen, ein verständnisvoller Partner zu sein

✗ sich anpassen

✗ den Humor nicht verlieren

✗ Ihre Partnerin, mag sie derzeit auch alles andere als attraktiv sein, weiterhin lieben

✗ die Unterstützung eines männlichen Freundes suchen

✗ Streit vermeiden, stellt diese Phase doch nicht mehr als ein kurzes Intermezzo in Ihrem Leben dar.

Betrachten Sie Stillen als etwas ganz Normales
Leider hört rund die Hälfte der stillenden Mütter innerhalb der ersten sechs Wochen auf, dem Kind die Brust zu geben. Was können Sie als Vater dagegen tun? Nun, zunächst müssen Sie Ihre persönliche Einstellung zum Stillen überprüfen.

Einer 1993 von einer Hebammenschule, dem Royal College of Midwives, durchgeführten Untersuchung zufolge sprach sich etwa die Hälfte der männlichen Befragten dagegen aus, dass Frauen in der Öffentlichkeit stillen. Die Männer bezeichneten dies als »peinlich«, als eine Form von Exhibitionismus und sogar als »Erregung öffentlichen Ärgernisses«. Warum? Wir wollen hier keine Ursachenforschung betreiben. Gewiss aber hat das Ablehnen öffentlichen Stillens damit zu tun, dass wir in einer Zeit leben, in der die weibliche Brust als Sexsymbol gilt. Da bereitet es offenbar Mühe, auf selbst in eindeutig nicht sexuellem Kontext entblößte Brüste unbefangen zu reagieren.

Bei Stress, Anspannung und Nervosität werden die Hormone, die die Milchdrüsen anregen, nicht in ausreichender Menge gebildet. So kann es passieren, dass die Frau urplötzlich meint, nicht mehr genug Milch zu haben. Starren Sie daher nicht hin, wenn Mütter in der Öffentlichkeit stillen.

Schauen Sie den Frauen beim Gespräch ins Gesicht, wenn Sie verlegen sind. Akzeptieren Sie Stillen als etwas ganz Normales und Natürliches. Tragen Sie Ihr Quäntchen zur Änderung der allgemeinen Einstellung bei, damit mehr Kindern der beste Start ins Leben zuteil wird.

Playboy oder Arbeitstier?

Während der Stillzeit können die wenigsten Paare ihr gewohntes Leben fortführen – es sei denn, sie genießen außerordentliche Unterstützung seitens der Familie oder können sich ein gutes Kindermädchen leisten. Väter, die in dieser Zeit der Fürsorglichkeit ihren Einsatz verpassen, schlüpfen nur zu leicht in andere, auf Dauer ungesunde Rollen.

Eine solche Rolle ist die des Playboys: Während der Schwangerschaft und im ersten Jahr nach der Geburt kommt es häufig vor, dass Männer ein Verhältnis anfangen oder sich ganz ihren Kumpels in der Kneipe oder dem Sportverein zuwenden.

Auch die Rolle des Workaholic steht der des fürsorglichen Familienvaters entgegen. Viele Männer flüchten sich in die Arbeit. Sie bleiben endlos lange in der Firma, um in der Freizeit zu renovieren und zu werkeln, was das Zeug hält.

Versäumen Sie es nicht, eine fürsorgliche Haltung zu entwickeln. Tun Sie es jetzt, ehe sich andere Gewohnheiten einschleichen. Das heißt keineswegs, dass Sie sich nicht Zeit für sich selbst nehmen sollten, im Gegenteil: Unternehmen Sie mindestens einmal pro Woche etwas, was Ihnen Spaß macht und neue Kraft schenkt.

Väter sind wichtig – von Anfang an

Im ersten Lebensjahr ist das Kind noch auf die Mutter fixiert. Manchmal kommen Väter mit dieser innigen Beziehung nicht zurecht und finden sich mit der Vorstellung ab, einzig die Mutter und ihre Brust könnten das Baby beruhigen. Sich mit diesem Problem nicht auseinander zu setzen kann das künftige Verhältnis von Vater und Kind beeinträchtigen. Am besten ist es, wenn Sie von Geburt an vertrauten Kontakt schaffen und halten. So ist es für das Neugeborene das Selbstverständlichste auf der Welt, dass es zwei Menschen gibt, die es umsorgen und in den Schlaf wiegen können.

Manchmal schlafen Babys schon an der Brust ein, aber oft haben sie ein volles Bäuchlein und brauchen einen Papa, der den Kinderwagen wippend durch die Gegend schiebt oder mit ihnen im Zimmer auf und ab spaziert, bis sie eingeschlummert sind. Geben Sie nicht gleich beim ersten Mal auf, wenn sich das Baby die Lunge aus dem Leib brüllt. Sie können sicher sein: Ist es satt, trocken und gesund, wird es sich auch von Ihnen beschwichtigen lassen. Und spätestens im zweiten Lebensjahr, wenn Kinder Spaß am Sprechen und Herumbalgen entwickeln, kommen die Väter ohnehin auf ihre Kosten!

Es ist klar erwiesen, dass sich die Geschlechteridentität in den ersten drei Lebensjahren ausbildet. Allein aus diesem Grund ist es dringend notwendig, dass Väter Präsenz zeigen. Jungen bekommen so frühzeitig ein Gespür dafür, was Männer sind und tun, während Mädchen auf natürliche Weise merken, dass sie anders sind, und eine gesunde Beziehung zu einem Mann leben lernen.

Achten Sie auf sich selbst

Einmal pro Woche brauchen Sie Zeit für Ihre Hobbys und Ihre Freunde – und deren Zuspruch. In Anbetracht des anspruchsvollen kleinen Wurms mag das zuweilen unmöglich erscheinen, unvernünftig und unfair. Dann nagt an Ihnen der

Zweifel: »Wäre es nicht doch besser, meine Zeit mit der Familie zu verbringen?«

Doch glauben Sie uns: Sich von solchen Bedenken nicht freizumachen, kann Sie teuer zu stehen kommen. Unzählige geschiedene Paare wissen ein Lied davon zu singen. Groll und Langeweile bauen sich auf, und nach monatelanger Vernachlässigung der persönlichen Bedürfnisse und Freiheitswünsche ist die Batterie leer. Nehmen Sie diesen Zustand mal zwei, und Sie haben ein todsicheres Rezept für eine Katastrophe. Sorgen Sie dafür, dass Sie beide genügend entlastet werden. Vergessen Sie nicht: Auch Ihre Partnerin braucht regelmäßig Zeit für sich und dafür Ihre Unterstützung. Bitten Sie Familienmitglieder und/oder Freunde, Sie gelegentlich abzulösen, und finden Sie eine Spielgruppe oder Kinderkrippe.

Hilferufe von Frauen an ihre Partner nach sechs Monaten Mutterschaft

✗ Mein geistiger und seelischer Zustand ist labil. Du kannst mir helfen, indem du ein paar lobende Worte für die Mühe findest, die ich mir mit dem Kind und dem Haushalt mache. Ich verlange ja gar keine andere Anerkennung, weder Bewunderung noch Gehalt oder gar Hoffnung auf Beförderung.

✗ Bitte sag mir immer wieder, dass es ganz normal ist, genervt zu sein, und dass dieser anstrengenden Lebensphase andere Zeiten folgen werden.

✗ Es wäre herrlich, wenn du mich gelegentlich wieder mit meinem Namen statt immer nur mit »Mama« oder »Liebling« ansprechen würdest.

✗ Mach es bitte möglich, dass ich einmal am Tag eine Pause einlegen kann. Wenn ich nervlich am Ende bin, dann geh doch bitte mit dem Baby spazieren.

✗ Wenn das Baby quengelt, sag bloß nicht, dass es bestimmt Hunger hat und das Fläschchen braucht. Beruhige mich lieber und finde es toll, dass ich stille. Erinnere mich daran, dass ich intelligent bin und es auch bleibe, selbst wenn ich im Moment keinen vernünftigen Gedanken fassen kann.

✗ Bitte mach dir bewusst, dass ich zur Zeit rund um die Uhr im Einsatz bin.

✗ Manchmal wäre es besser, du hörtest still zu, statt zu betonen, dass auch du einen schweren Tag hinter dir hast.

✗ Bitte übernimm Verantwortung, anstatt lediglich zu »helfen«. Sonst muss ich Befehle erteilen, und in diese Rolle möchte ich nicht gedrängt werden.

✗ Frag, wie ich mich fühle – und hör mir dann zu.

✗ Bitte ruf mich tagsüber an.

✗ Denk immer daran, dass diese Situation vorübergeht.

11
SEX

Sex während der Schwangerschaft

In vielen Büchern zum Thema liest man, die Schwangerschaft könne eine sexuell sehr erfüllte Zeit sein. Tatsächlich vermögen Schwangerschaftshormone das sexuelle Verlangen zu steigern – doch dieser Fall tritt leider nicht bei allen Paaren ein.

Wir haben mehrere Männer gefragt, wie sich die Geburt eines Kindes auf ihr Liebesleben ausgewirkt hat.

Hier ihre Antworten:

»Es wurde besser.«

»Sie war oft zu müde, um es zu genießen.«

»Mitten drin wachte meist das Baby auf und schrie.«

»Sie war immer nur müde, müde, müde.«

»Sie hatte ungefähr sechs Monate lang Schmerzen, wodurch uns beiden die Lust verging.«

»Mein Liebesleben hat es nicht beeinträchtigt, da ich mich anderweitig vergnügt habe, aber ihres schon.«

»Sie fühlte sich fett und unattraktiv und war grundsätzlich nicht an Sex interessiert.«

»Unser Liebesleben wurde vollkommen zerrüttet.«

»Das Baby brachte uns um drei Jahre unserer Sexualität und hätte fast unsere Ehe kaputt gemacht.«

»Wir erfanden neue Stellungen.«

Auswirkungen von Geburt und Stillen

Mal: »Nach der Geburt schienen Margies Brüste nur noch dem Baby und nicht mehr mir zu gehören.«

Haben Sie jemals eine Milchkuhherde auf der Weide gesehen und sich gewundert, weshalb die Tiere so ruhig, um nicht zu sagen träge, sind? Die Kühe stillen noch! Womit wir wieder auf den Menschen zu sprechen kommen wollen, der bekanntlich ja auch ein Säugetier ist …

Wenn stillende Frauen in den Monaten nach der Geburt wenig Lust auf Sex verspüren, dann hat dies vorwiegend hormonelle Ursachen: In dieser Zeit werden die Hormone Oxytozin und Prolaktin in hohen Mengen ausgeschüttet. Sie sind verantwortlich für die Milchbildung und dafür, dass die Milch einschießt, das heißt von den Milchdrüsen in die Milchgänge gepresst wird, damit das Baby sie absaugen kann. Dieselben Hormone üben vermutlich auch eine entspannende Wirkung aus, die gewährleistet, dass die Mutter das Baby stundenlang stillen kann – stimulieren aber wohl kaum zu einem aufregenden Liebesleben. Stillt die Mutter, wann immer das Kind Hunger hat, bleiben oft Eisprung und Periode aus; dadurch wird ihre Vagina womöglich zu wenig mit Östrogen versorgt und durchfeuchtet. (Diese und andere Methoden hat die Natur sich ausgedacht, damit Babys gute Überlebenschancen haben. Heute hätte sie wohl nichts gegen ein paar Hormone, die wieder so richtig Lust machen, aber so schnell geht die Evolution nun einmal nicht voran.)

Zu den genannten können viele weitere Faktoren treten, die gutem Sex nicht gerade förderlich sind.

Körperliche …

Ihre Partnerin hat anfangs höchstwahrscheinlich starke Schmerzen am Perineum, der Haut um den Scheideneingang. Zumeist aber heilt das Perineum gut ab, und zwischen der dritten und sechsten Woche nach der Geburt meinen viele Frauen, »es wieder einmal versuchen« zu können. Bleibt die Vagina längere Zeit stark schmerzempfindlich, sollte unbedingt ein Gynäkologe konsultiert werden.

… und seelische Verletzungen der Frau

Eine Frau kann von einer Geburt auch emotionale Schäden davontragen, insbesondere wenn diese anders ablief als erhofft. Auf die eine oder andere Weise mag ihre Intimsphäre verletzt worden sein. Vielleicht musste ein Dammschnitt vorgenommen oder eine andere medizinische Maßnahme ergriffen werden. Oder sie musste eine Stellung wie auf dem Gynäkologenstuhl einnehmen (die Beine in der Luft, die Füße in Steigbügeln) und vor den Augen mehrerer Menschen den Darm entleeren. Unter diesen und ähnlichen Erlebnissen kann ihr Selbstwertgefühl als Frau stark gelitten haben.

Es ist also keineswegs unverständlich, wenn Frauen im Jahr nach der Geburt wenig Interesse an Sex zeigen. Das gilt erst recht, wenn die Frau irgendwann in ihrem Leben Opfer sexuellen Missbrauchs gewesen ist. Dann kann die Geburt dieses Trauma neu aufleben lassen. In diesem Fall ist es ratsam, professionelle therapeutische Hilfe in Anspruch zu nehmen.

Entweihung einer Göttin

Manche Männer haben uns berichtet, dass sie ihrer Partnerin nicht mehr dieselben sexuellen Gefühle entgegenbringen konnten, nachdem sie der Geburt beigewohnt hatten.

Ryan: »Die Stelle, die für mich etwas ganz Besonderes und Geheiligtes bedeutet hatte, war gänzlich entweiht. Sie war zerschnitten, sie war ein gähnendes Loch. Nie wieder habe ich beim Sex dasselbe empfunden wie früher.«

Setzen Sie dagegen, dass das Kind, das Sie gezeugt haben, etwas ganz Besonderes und Wertvolles ist. Versuchen Sie die Geburt als »heiligen Akt« und die Vorgänge als Symbol des Lebens zu betrachten. Sagen Sie Ihrer Partnerin, wie heilig Ihnen die betroffenen Körperregionen sind und wie sehr Sie möchten, dass alles so wird, wie es einmal war. Vermutlich wird sie ähnlich wie Sie empfinden und gern aus Ihrem Mund hören, dass sie etwas ganz Besonderes ist und Sex ein Ausdruck der Liebe zwischen Ihnen bleiben soll. Und dann legen Sie das Thema erst mal ad acta.

Lustkiller Schlafmangel

Nach der Geburt wird Ihre Partnerin wahrscheinlich geraume Zeit keine Nacht durchschlafen können und sich entsprechend gebeutelt fühlen. Chronischer Schlafmangel killt zwar die Lust auf Sex – nicht aber das Verlangen nach Streicheleinheiten: Eine halbe Stunde Rückenmassage ohne erotische Absicht, das ist zurzeit so ziemlich das Schönste, was Sie Ihrer Partnerin antun können.

Postnatale Depression

Selbst die lebenslustigste Partnerin kann nach der Geburt unvermittelt in tiefste Depressionen verfallen. Es lässt sich nicht vorhersagen, welche Frau es trifft und welche nicht. Bei uns in Neuseeland werden fünfzig bis achtzig Prozent aller Mütter vom »heulenden Elend« gepackt; acht bis zwölf Prozent werden schwer depressiv und ein Prozent psychotisch. In Westeuropa dürfte es nicht viel anders aussehen.

Ob es sich bei der postnatalen Depression um, wie viele meinen, eine gesunde Anpassung an eine kaum zu bewältigende Situation handelt oder um eine Folge eines gestörten Neurotransmitter-Stoffwechsels des Gehirns, sei hier dahingestellt: Mutterschaft stellt die Gesundheit der Frau allemal auf eine harte Probe. Die Depression kann sich unter anderem in einem über Monate anhaltenden sexuellen Desinteresse manifestieren. Ist dies bei Ihrer Partnerin der Fall, suchen Sie professionelle Hilfe.

Rühr mich nicht an!

Viele Frauen wollen abends nur noch ihre Ruhe haben. Nachdem sie den ganzen Tag mit dem Baby in körperlichem Kontakt gestanden haben, möchten sie jetzt einfach bloß in Frieden gelassen werden. Das sollten Sie eigentlich verstehen …

Seien Sie fürsorglich, ohne Gegenleistung zu erwarten

Die gegenseitige Fürsorge und Abhängigkeit einer Paarbeziehung gerät bei jungen Eltern gehörig aus dem Lot. Da die Frau sich ganz dem Baby zuwendet, kommt sich der Vater nur zu leicht vernachlässigt vor. Manche Männer reagieren darauf, indem sie sich fordernder verhalten, andere werden eifersüchtig und wieder andere kapseln sich ab, verschwinden in ihrer »Höhle«, gehen öfter zum Sport oder arbeiten länger. Die Frau wiederum fühlt sich womöglich so abhängig und bedürftig wie nie zuvor. Diese Problematik kann sich in Ihrer sexuellen Beziehung niederschlagen.

Ratschläge von Mann zu Mann

Wie es aussieht, wird sich in Ihrem Liebesleben also einiges ändern. Das wirft die Frage auf: Was tun? Hier ein paar Lebensweisheiten von männlichen Leidensgefährten, die uns Rede und Antwort gestanden haben:

»Kümmere dich um deine Frau und erwarte sechs Monate lang überhaupt nichts von ihr. Dann ist jedes Fünkchen Energie, das dir zuteil wird, ein kleines Dankeschön.«

»Halte dir immer vor Augen, dass dies kein Dauerzustand ist.«

»Sprich darüber. Wenn du wirklich dringend Sex brauchst, steh dazu und mach vielleicht sogar einen Witz darüber.«

»Lass deinen Schwanz im Sack.«

»Streichle ihr einfach über die Haut.«

»Das wichtigste Sexualorgan einer Frau ist das Ohr. Verliebte, süße, anerkennende, gefühlvolle, humorvolle und romantische Worte wirken Wunder. Wenn sie nicht reagiert, musst du weiter reden.«

Masturbation

Wenn Sie keinen Sex haben können, reden Sie mit Ihrer Partnerin offen über Masturbation. Ist es möglich, in ihrer Gegenwart zu masturbieren? Ließe Masturbieren sich als neue oder temporäre Variante in Ihr Liebesspiel integrieren? Falls nicht, wäre es dann in Ordnung, es an einem anderen Ort zu tun? Oder besteht unterschwellig die Erwartung, dass Sie sich Ihrer Lust zu schämen und sie völlig zu unterdrücken haben? Und wie steht es mit Petting?

Jason: »Wir hatten ein paar Monate nicht mehr miteinander geschlafen, da hat sie mich beim Masturbieren unter der Dusche erwischt. Sie drehte das warme Wasser ab und begann wie verrückt zu schreien.«

Viele von uns befragte Mütter gaben an, dass ihnen in dieser Zeit eine nicht sexuelle Massage genügt und sie es akzeptiert hätten, dass ihre Partner masturbieren.

Quickies

Wie wär's mit »Quickies«? Ein Quickie kann für beide Seiten aufregend und befriedigend sein. Sagen Sie Ihrer Partnerin, dass Sie nicht immer ein ausgedehntes Liebesspiel erwarten und dass dies keine Geringschätzung ihrer Person bedeutet oder gar, dass Sie künftig nur noch auf die Schnelle zum Ziel kommen wollen. Eine Abwandlung dieses Vorschlag bestünde darin, dass Ihre Partnerin zunächst allein masturbiert und Sie ins Zimmer ruft, wenn sie bereit ist.

Seitensprünge

Sexuelle Verlockungen gibt es immer und überall, und gerade in der Stillperiode sind Männer dafür oft recht empfänglich. Im entscheidenden Augenblick haben Sie die Wahl, ob Sie es tun oder lassen wollen – im Bewusstsein, wenig oder gar keinen Schaden angerichtet zu haben.

Bedenken Sie: Frauen kommen Seitensprüngen in aller Regel auf die Schliche – falls nicht auf der bewussten, so doch zumindest auf der unbewussten Ebene. Selbst wenn Ihre Partnerin von nichts weiß, wird sie intuitiv merken, dass Ihre Energien und Gefühle sich weniger auf sie konzentrieren. Und darauf wird sie in der einen oder anderen Form reagieren, zum Beispiel mit Gereiztheit, Unsicherheit, Besitz ergreifendem Verhalten oder mit Minderwertigkeitskomplexen. All das schadet Ihre Partnerschaft noch mehr und auch dem Baby.

Überlegen Sie also gut, ob der Seitensprung Ihnen das Risiko wert ist. Mit wem identifizieren Sie sich eher: mit dem kleinen Jungen, der sich ein wenig vernachlässigt fühlt, im Frust einen über den Durst trinkt und einen heißen One-Night-Stand hat, oder mit dem erwachsenen Mann, der Nein sagen kann, weil er einem Baby und seiner Mutter keinen Kummer bereiten will. Ein Mann, der ein positives Bild von sich selbst hat und dem an seinem Kind und seiner Partnerin liegt, wird mit Sicherheit eher das langfristige Wohl aller im Blick haben als ein flüchtiges Vergnügen.

Sprechen Sie mit anderen Männern

Über Probleme in ihrem Sexualleben reden Männer höchst ungern miteinander. Die Erfahrung zeigt jedoch: Sobald einer persönliche Schwierigkeiten eingesteht oder eine ehrliche Frage stellt, erwärmen seine Gesprächspartner sich schnell für das Thema. Das geschieht zunächst meist auf scherzhafte Weise, was aber das Eis brechen und ein ernsthafteres Gespräch in Gang setzen kann. Durch solche Unterhaltungen wird uns oft bewusst, dass wir uns im Grunde sehr ähnlich sind und meist die gleichen Problemen haben: »Was, bei dir auch …!«, hört man dann häufig. »Ich dachte, ich stünde mit meinem Problem allein da, aber dann habe ich entdeckt, dass es den meisten Männern so ergeht«, erzählte uns ein Interviewpartner.

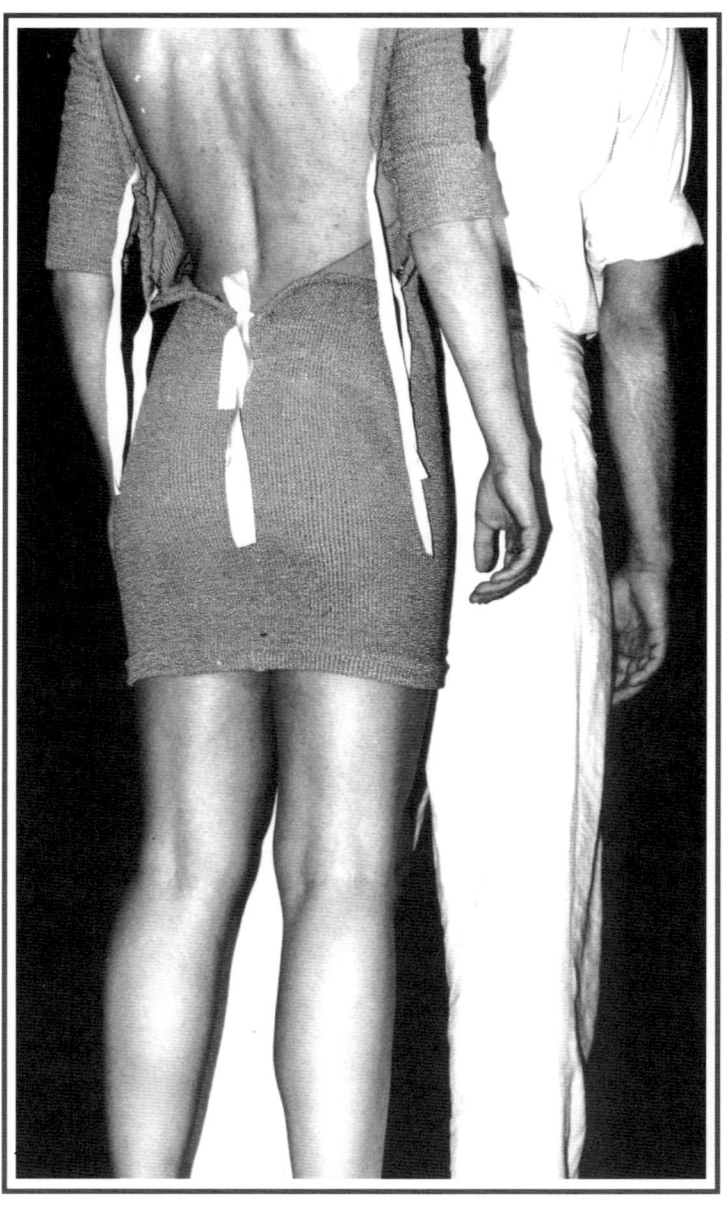

12 Rollenwechsel

Jetzt ändern sich die Zeiten!

Stellen Sie sich vor, Sie haben eine Rolle in einem Theaterstück, die Sie – nach langer Übung – endlich gut beherrschen, da drückt Ihnen jemand plötzlich einen anderen Text in die Hand und sagt, Sie hätten ab sofort in dieser neuen Rolle aufzutreten. Genauso abrupt geht der Rollenwechsel zum Vater vonstatten, aber die meisten Männer scheinen das nicht zu realisieren. Sicher, die Geburt und das Staunen darüber entgehen keinem. Dass sich jedoch die Anforderungen, denen der Mann bisher gerecht zu werden versuchte, plötzlich grundlegend ändern und jeder von ihm erwartet, dass er von heute auf morgen ein anderer Mensch ist, das bekommt kaum ein Vater richtig mit.

Buchstäblich über Nacht müssen Sie vom Partner, Kumpel, Kollegen, Liebhaber und/oder Spaßvogel in die Rolle des Vaters, Alleinverdieners, Hausmanns und Familienmenschen schlüpfen. Die damit verknüpften Erwartungen gründen vornehmlich auf den drei Rollen des Erzeugers, Beschützers und Ernährers. Das mag altmodisch und zu simpel klingen, doch diese Rollenbilder üben noch immer einen gewaltigen Einfluss aus.

Der Erzeuger

Die Aufgabe des Erzeugers mag nun, nach erfolgter Zeugung und Geburt, am unwichtigsten erscheinen. Doch wir dürfen die genetischen Faktoren nicht unterschätzen. Die meisten traditionellen Kulturen messen der Abstammung hohe Bedeutung zu; sie wissen, dass der Vater nicht nur die Hälfte der körperlichen Eigenschaften sowie vielfach den sozialen Status des Kindes bestimmt, sondern dass das Bewusstsein dieser Verbindung auch die Persönlichkeit des Kindes prägt.

Selbst in den modernen westlichen Kulturen sehnen sich junge Männer im Zug ihrer Identitätsfindung bewusst oder unbewusst nach Bezügen zu dem Mann, »von dem sie abstammen«. Adoptierte Kinder suchen nach ihren leiblichen Eltern, Männer und Frauen mittleren Alters via Ahnenforschung nach einem tieferen Verständnis ihrer Identität. Kinder von Samenspendern erheben Anspruch, den Namen des Spenders zu erfahren, und Verwandtschaftsbande halten heute noch ganze Gesellschaften zusammen.

Man darf die Rolle des Erzeugers nicht darauf reduzieren, dass mann ein Kind in die Welt setzt. Selbst wenn die äußeren Umstände die Übernahme der Vaterrolle verhindern, bleibt die Verpflichtung bestehen, Kindern eine Antwort zu geben, wenn sie wissen wollen, woher sie kommen. Nach bestem Wissen sollten wir dazu beizutragen, das von uns abstammende Leben bestmöglich zu versorgen und anzuerkennen.

Der Beschützer

Eine Ehefrau: »Unten im Haus war ein Einbrecher. Wir hatten das Licht gelöscht und lagen beide im Bett. Ich rüttelte meinen Mann, um ihn aufzuwecken, aber er war schon wach. Ich bat ihn, aufzustehen und nach unten zu gehen und etwas zu tun, um den Eindringling zu vertreiben. Er weigerte sich. Ich konnte es nicht fassen! Ich drängte ihn, doch er tat einfach nichts. Ich war so wütend, dass ich schließlich selbst aufstand und hinunterging. Danach war unsere Beziehung nicht mehr dieselbe. Es dauerte zwei Jahre, bis ich meinem Mann vergeben konnte.«

Machen Sie sich darauf gefasst, dass Ihre Partnerin erwartet, dass Sie bereit sind, sie und das Baby zu verteidigen, notfalls auf Kosten Ihres Lebens. Vielleicht entspricht dies Ihrer eigenen Auffassung, denn schließlich war es jahrtausendelang so und ist heute nicht so sehr viel anders. Wer diese (unausgesprochene) Rollenerwartung nicht erfüllt, läuft Gefahr, Menschen zu enttäuschen.

Man erwartet von Ihnen, in den Krieg zu ziehen und für Ihre Familie zu sterben. Man erwartet gefährliche Arbeitseinsätze von Ihnen, zum Beispiel unter Tage oder auf hohen Gebäuden. Man erwartet, dass Sie ein Held sind. Das Fernsehen präsentiert uns Tag für Tag Aufgüsse ein und derselben Story: Tapferer Mann riskiert sein Leben, um eine Frau zu retten – vor einem Bösewicht, aus einer Unfallsituation oder einer Naturkatastrophe. Unbewusste breite Bestätigung erfährt dieses Rollenverständnis unter anderem dadurch, dass wir schon in frühem Alter auf Sportplätze ziehen und dort »unser Territorium« – das unseres Heimatclubs – gegen den »feindlichen Angreifer« verteidigen.

Darren in Erinnerung an seine Kindheit: »Die ganze Familie saß im Auto, als wir mit einem anderen Fahrzeug zusammenstießen. Mein Vater stieg aus, aber der andere Fahrer schrie und wurde aggressiv. Mein Vater ließ sich herumschubsen und die alleinige Schuld in die Schuhe schieben. An diesem Tag verlor ich jeglichen Respekt vor ihm. Daran hat sich bis heute nichts geändert. Mein Vater ist so verdammt nutzlos. Wenn dieses Weichei bloß sterben würde!«

Gregg, ein junger Bauer: »Als ich ein Bub war, vertrieb mein Vater mit der Flinte ein paar Entenjäger von unserem Land. Ich erinnere mich noch genau, wie zwei der jungen Kerle in panischer Angst vor ihm davonrannten, obwohl sie Gewehre bei sich hatten und mein Vater unbewaffnet war. Meine Mutter kam gerade vom Nachbarhof zurück und begegnete ihnen auf ihrer Flucht. Die Wilderer kamen nie wieder, und ich war ungeheuer stolz auf meinen Vater.«

Hüter der Familie

Bei der Rolle des Beschützers drängen sich Vergleiche mit der des tapferen Kriegers oder Soldaten auf, und in den meisten Kulturen werden klassische Kriegertugenden heute noch hoch geschätzt. Diese beziehen sich freilich zunehmend auf entschlusskräftiges Handeln statt auf den Kampf mit der Waffe.

Ein »guter« Krieger verfügt über ein hohes Maß an Mit- und Ehrgefühl sowie Liebe. Er ist leidenschaftlich, in der Lage, Schutz zu bieten, und bereit, für andere zu töten und zu sterben. Mel Gibson verkörpert diese Rolle in seinen Filmen vorbildlich. Ungeachtet der sozialen Veränderungen der vergangenen Jahrzehnte wird von Vätern nach wie vor erwartet, dass sie als Hüter ihrer Familie auftreten. Und in der Tat brauchen auch die modernen Gesellschaften Männer, die ihre Kinder, ihre Familie, die Gemeinschaft und die Umwelt beschützen. Ihr Baby hat ein Recht darauf, dass Sie bereit sind, Stärke zu zeigen und die Welt zu einem Ort zu machen, an dem es sich sicher fühlen kann.

So kommt es, dass in aller Regel Sie den Streit mit dem Nachbarn auszutragen haben und es an Ihnen hängen bleibt, ein verendendes Tier von seinen Qualen zu erlösen. Von Ihnen erwartet man, dass Sie sich gegen den Lehrer wehren, der Ihren Sohn ungerecht behandelt, und Sie sind es auch, der die Katze Ihrer Tochter retten darf.

Jetzt, da Sie ein Baby haben, sind Sie derjenige, der nachts an die Tür geht und im Notfall mit quietschenden Reifen ins Krankenhaus rast. Den Beschützer spielen müssen ist kein leichtes Los, aber solange das Baby noch so klein und die Mutter so verletzlich ist, haben die beiden ein besonders ausgeprägtes Sicherheitsbedürfnis. Es kann übrigens gut sein, dass Sie Ihre Partnerin zudem vor Stress, Schwiegereltern, Chefs, arroganten Ärzten, körperlicher und seelischer Erschöpfung behüten müssen. Vermutlich tun Sie dies ohnehin – ohne darüber nachzudenken, dass Ihre Umwelt es von Ihnen erwartet und daran Ihre Kompetenz als Vater misst. Das soll nicht heißen, dass Frauen diese Aufgaben nicht genauso gut bewältigen könnten (viele allein erziehende Mütter stehen erfolgreich »ihren Mann«) oder alle Männer darin sehr versiert wären. Die Zeiten ändern sich, gewiss. Doch noch immer ist es ganz klar Aufgabe des Vaters, seine Familie zu beschützen. Und wenn wir ihr gut nachkommen und ehrlich sind, dann gibt uns dies, selbst wenn wir einen stolzen Preis dafür zahlen, doch auch eine enorme Bestätigung.

Der Ernährer

Eine Mutter: »Ich weiß noch, wie ich ihm erzählte, dass ich schwanger bin. Er reagierte recht zurückhaltend und nachdenklich – ohne Begeisterungsstürme, aber er freute sich. Es war schließlich ein Wunschkind. Zehn Minuten später war er in der Garage verschwunden und machte einen Heidenlärm. Verwundert ging ich hinüber, um nach ihm zu sehen. Er stand an der Werkbank. ›Was machst du denn da?‹, fragte ich. ›Ich baue eine Wiege!‹, gab er zur Antwort«.

Konventionell ist es völlig in Ordnung, wenn sich Männer zeitlebens für Ihre Familie aufopfern und schier zu Tode schuften. Die Auffassung, dass Frauen nun einmal besser dazu geeignet sind, Kinder zu umsorgen, teilt dem Vater die Aufgaben zu, ein Zuhause zu schaffen, die Rechnungen zu bezahlen und die Kosten für Essen, Dienstleistungen, Ausbildung, Krankenversicherung und Fortbewegungsmittel zu bestreiten. Das ist seit Jahrtausenden die Rolle des Mannes, erst des Jägers und Sammlers, dann des Ackerbauern. Und das wird sie wohl noch lange bleiben – selbst wenn so manche Frauen mittlerweile so viel verdienen wie ihre Männer.

Brian, ein Sozialarbeiter, klagt: »Ich verstehe die Welt nicht mehr! Ich habe eine Frau geheiratet, von der ich dachte, dass wir gemeinsame Werte haben, eine Feministin, die mit mir die Welt verändern, den Menschen helfen und Unrecht bekämpfen will, so wie ich es mit meiner Arbeit versuche. Ich habe mich um ihre Kinder gekümmert, und wir haben zusammen etwas auf die Beine gestellt. Aber dann lässt sie mich sitzen und haut mit diesem großkotzigen Macker ab, der fünfmal soviel verdient wie ich und mit ihr um die halbe Welt in Urlaub fährt!«

Debbie, eine Akademikerin, gibt zu: »Ich bin eine moderne Frau. Ich verdiene wesentlich mehr als mein Partner, aber irgendwie stört es mich doch, dass er weniger zum gemeinsamen Haushalt beisteuern und weniger ausgeben kann, wenn wir ausgehen. Manchmal ärgert es mich, wenn ich dann bezahlen muss.«

Frauen im Gespräch über Heiratspläne: »Was er besitzt, gehört uns, und was ich besitze, gehört mir.«

Der Leistungsdruck ist geblieben ...

Familienvater sein heißt Ernährer sein, jedenfalls wenn man sich amerikanische Spielfilme ansieht. Haben Sie Vater der Braut 2 gesehen? Dieses 1991 gedrehte Remake eines Originals aus dem Jahr 1950 legt den Schluss nahe, dass sich für Väter (zumindest in den USA) nicht viel geändert hat. Darin wird die Funktion des Vaters (Steve Martin) der heiratswilligen Tochter darauf reduziert, dass er für das Haus, die Einrichtung, die Krankenhauskosten, die Babyausstattung und weitere Extravaganzen aufkommen und ins Krankenhaus fahren »darf«.

In den meisten Filmen zahlt nach wie vor der Mann alle Rechnungen – und sei es nur für die Drinks an der Bar. Und weil Hollywood bekanntlich das wahre Leben spiegelt, wird auch von Ihnen erwartet, dass Sie beim Ausgehen und beim Autokauf bezahlen und dass Sie sich überlegen, wie Sie die Raten für die Hypothek aufbringen. Sie sind es, der Karriere machen soll und Überstunden. Tut dies eine Frau, wird es zumeist als großzügig, fair und »modern« gelobt – oder aber ihre Leistung als »Zusatzeinkommen« abgewertet.

Unser Wirtschaftssystem und unsere Arbeitswelt lassen es kaum zu, dass wir uns voll unserer Elternrolle widmen. Die Leistungsgesellschaft erwartet, dass Arbeitnehmer Überstunden machen und Beruf und Firma oberste Priorität einräumen. Sie will, dass wir unsere Energie in die Arbeit einbringen und nichts davon für unser Privatleben aufsparen.

… doch es gibt Aussichten auf Besserung

Immerhin hat sich in puncto Geschlechterrollen einiges getan, und das tut es immer noch: Zum Beispiel sind die meisten Frauen bis zur Mutterschaft berufstätig. Sie werden (theoretisch zumindest) nach demselben Tarif bezahlt wie Männer und sind meist dafür, in das Arbeitsleben zurückzukehren.

Dies ermöglicht, dass:

✗ der Mann zu Hause bleibt und die Kinder erzieht

✗ beide Teilzeit arbeiten und sich die Erziehung teilen

✗ Sie das Baby einer Tagespflege überlassen und beide Vollzeit arbeiten.

Zu den weiteren Möglichkeiten zählen:

✗ Man teilt sich das Kinderhüten mit einer oder mehreren anderen Familien.

✗ Man arbeitet zu Hause.

✗ Man lebt mit anderen Familienmitgliedern im selben Haushalt.

✗ Es gibt Arbeitsplätze mit Kinderbetreuung.

✗ Man bringt das Kind an Werktagen in eine Kinderkrippe.

Zum Glück gibt es immer mehr Möglichkeiten, Berufstätigkeit und Elternschaft zu verbinden. Dies gibt Männern die Chance, die anstrengende traditionelle Ernährerrolle zumindest innerhalb gewisser Grenzen zu modifizieren und neu zu gestalten. Schließlich hatte es seinen Preis, sich einzig der Arbeit zu verschreiben. Nicht zuletzt deswegen sind Männer emotional verschlossener, nach außen hin härter im Nehmen und daher auch anfälliger für Krankheiten. Wir müssen darauf achten, dass die Arbeit uns voran- und nicht umbringt. Dass voll in die Arbeitswelt integrierte Frauen inzwischen ebenfalls über »typische Männerkrankheiten« klagen, sollte in diesem Zusammenhang zu denken geben.

Möglicherweise müssen Sie auf Beförderungen verzichten und Einkommenseinbußen hinnehmen. Doch stehen die Chancen, dass Sie sich dafür ein erfüllteres und ausgeglicheneres Leben einhandeln, recht gut. Sie erhalten Gelegenheit, mehr Zeit mit Ihrem Kind zu verbringen und es heranwachsen zu sehen. In den ersten sechs Monaten bleibt allerdings am besten die Mutter bei dem Baby. In dieser Zeit muss sie sich darauf verlassen können, das Sie für ihre Sicherheit sorgen und sie unterstützen. Ihre Bereitschaft, in dieser Phase die Rolle des Ernährers zu übernehmen, wird ihr das Gefühl vermitteln, respektiert zu werden. Selbstverständlich können Sie die Aufgabenverteilung »Mann sorgt fürs Geld, Frau für die Familie« auch langfristig beibehalten. Dieses altbekannte Arrangement hat den Vorteil, dass nicht ständig alles neu geregelt werden muss.

Aber wie auch immer Sie sich entscheiden: Wichtig ist, den Beitrag des anderen zu respektieren und zu würdigen und darauf zu achten, dass die Arbeit gerecht verteilt wird.

Reden Sie miteinander

Sprechen Sie mit Ihrer Partnerin über Ihre Rollenerwartungen. Versuchen Sie eine Lösung zu finden, die Ihnen beiden gerecht wird. Fragen Sie Ihre Partnerin, welche Veränderungen sie sich nun, da sie Mutter geworden ist, wünscht. Womöglich werden Sie eine oder mehrere der folgenden Bemerkungen vernehmen:

»Meine Eltern haben das so gemacht, und es hat funktioniert.«

»Meine Eltern haben es anders gemacht, und das hat mir noch nie gefallen.«

»Ich will auch Karriere machen.«

»Ich will auch die Familie ernähren.«

»Du machst das besser.«

»Du verdienst mehr.«

»Ich bin zu erschöpft!«

»Wir können uns nicht leisten, dass ...«

»Es gibt nur entweder oder, aber nicht beides.«

»Das ist Aufgabe der Frau/des Mannes.«

»Ich bin immer davon ausgegangen ...«

Es ist wichtig, alle Punkte auszudiskutieren, bis eine Lösung gefunden ist. Gehen Sie respektvoll miteinander um. Bedenken Sie, dass viele Rollenmuster von Mann und Frau auf die Zeiten des Höhlenmenschen zurückgehen – und sich durch die industrielle Revolution und unsere Konsumgesellschaft erst recht verkrustet haben. Wenn Sie sich entschließen, die Rollen zu vermischen und ihre Vor- und Nachteile gerechter zu verteilen, dann tragen Sie zu einer gesellschaftlichen Veränderung und damit einem Wandel überkommener Werte bei. Wir raten Ihnen dringend, Ihrer Beziehung Vorrang vor Karriere und Einkommen zu geben. Auch empfiehlt es sich, das Ergebnis Punkt für Punkt schriftlich festzuhalten; das zwingt Sie beide, eindeutig Stellung zu beziehen und Vereinbarungen einzuhalten.

Apropos Vereinbarungen: Viele Paare machten und machen die Erfahrung, dass sich irgendwann entgegen ihren Vorsätzen traditionelle Denkweisen einschleichen. Wer weiß, vielleicht war die Welt früher doch nicht so verkehrt ... Manche Mütter haben zudem Schwierigkeiten, das Heft aus der Hand zu geben, und halten sich daher nicht an getroffene Absprachen. Ebenso stehen viele Männer nicht zu ihrem Wort, weil es ihnen zu schwer fällt, aus dem Beruf auszusteigen.

Die Veränderungen der traditionellen Frauenrolle eröffnen uns Männern großartige Chancen. Ergreifen Sie sie. Aber vergessen Sie nicht, dass unsere Gesellschaft unterschwellig nach wie vor voraussetzt, dass im Notfall der Mann die Kastanien aus dem Feuer holt – ober er's will oder nicht.

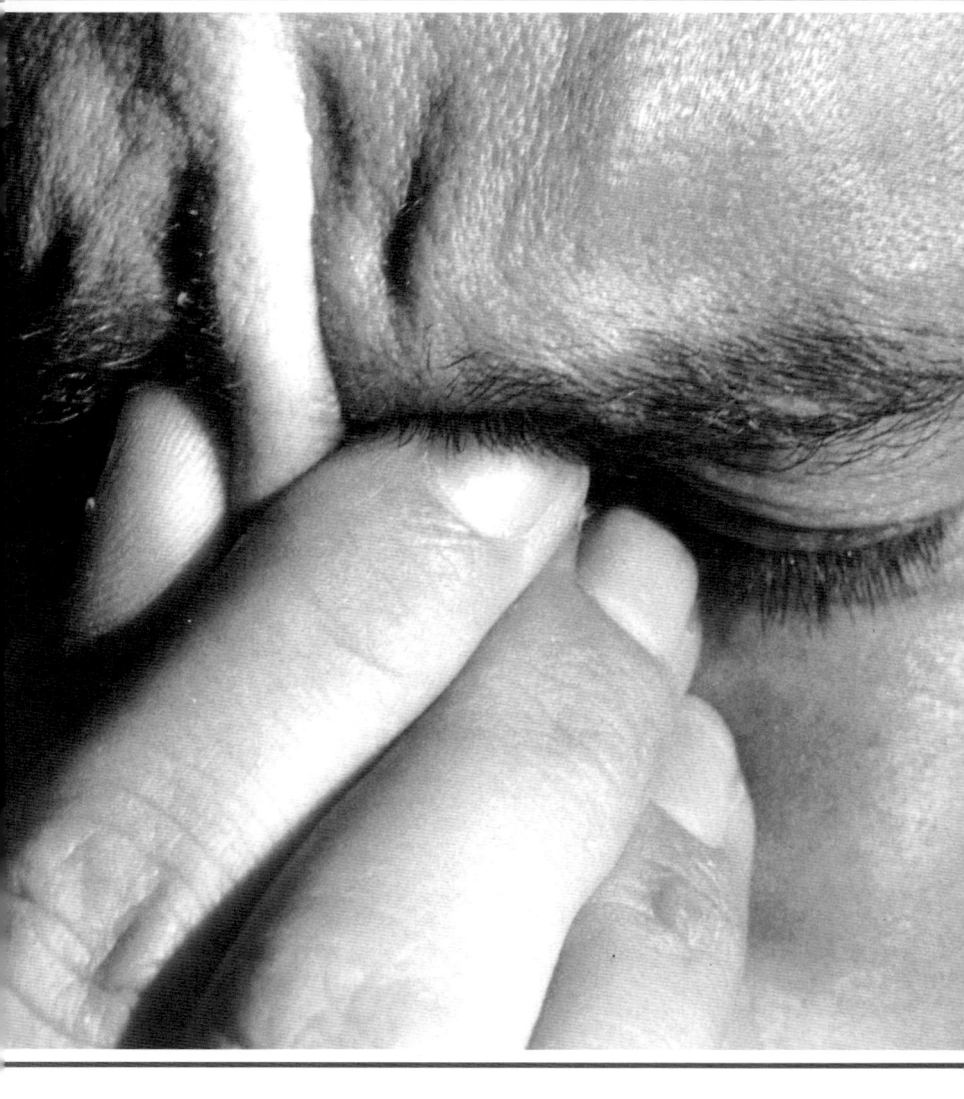

 PASSEN SIE AUF SICH AUF!

Arbeiten Sie nicht zu viel

Der schlimmste Feind des Vaterseins ist wahrscheinlich die Arbeit. Wir konzentrieren uns voll auf sie, haben das Gefühl, anderswo gebraucht zu werden, und glauben allen Ernstes, es sei gut für die Familie, weil mehr Arbeit in aller Regel auch mehr Geld und damit einen höheren Lebensstandard bedeutet. Oder wir meinen ganz einfach, damit unsere Pflicht als Mann zu tun. Bis der Tag kommt, an dem die Beziehung in die Brüche geht ... »Ich verstehe das nicht, ich habe es doch für meine Familie getan«, »Ich wollte doch nur, dass sie ein besseres Leben haben«, das hören wir immer wieder von frisch getrennten Männern.

Lassen Sie Ihr Leben nicht von Ihrem Chef bestimmen

Oft scheint es, als hätte die Arbeitswelt sich gegen die Familie verschworen. Das stimmt natürlich nicht, denn die beste Leistung bringen nun einmal Menschen, die ein glückliches Familienleben haben, aus dem sie Kraft und Ruhe schöpfen können.

Freilich setzen Arbeitgeber gerne Status, Selbstwertgefühl, Einkommen und Angst um den Arbeitsplatz als Lock- und Druckmittel ein, und freilich benötigen Sie Geld und müssen einen Beruf ausüben. Aber alles braucht seinen rechten Platz und die rechte Zeit.

In den meisten Haushalten schrumpft das Einkommen auf beinahe die Hälfte, wenn ein Baby zur Welt kommt. Die Lösung dieses Problems kann nicht darin bestehen, dass die Mütter später (wenigstens halbtags) in den Beruf zurückkehren und/oder die Väter doppelt so viel arbeiten. Es gilt vielmehr zu überlegen und zu entscheiden, was wir anders machen können bzw. müssen, um genügend Zeit für unsere Familie zu haben. Viele Paare sparen zu diesem Zweck lange im Voraus oder reduzieren fixe Kosten wie Hypothekenzahlungen. Andere stecken insgesamt zurück, ohne es als Opfer anzusehen. Geld allein macht bekanntlich nicht glücklich. Lernen Sie, alles abzulehnen, was Sie daran hindern könnte, Ihrem Kind ein guter Vater zu sein: zu viele Überstunden, zu viele Dienstreisen, einen Job, der Sie auslaugt …

Versuchen Sie, stets ausreichend Schlaf zu bekommen. Selbstverständlich sollten Sie Ihrer Partnerin zuweilen das nächtliche Aufstehen abnehmen – aber wenn Sie über Ihrer Arbeit einnicken, ist damit niemandem geholfen. Viele Väter haben uns gesagt, es hätte ihnen sehr geholfen, die Kunst des »Nickerchens« zu lernen.

Keith, ein Vater, der zu viel gearbeitet hat: »Unsere beiden Kinder wurden geboren, und ich liebte sie abgöttisch. Gleichzeitig ging es beruflich unglaublich voran, und da wollte ich mein Bestes geben. An manchen Tagen kam ich erst um neun Uhr abends heim. Ich hielt es für eine Phase. Dass ich damit unsere Ehe aufs Spiel setzte, kam mir überhaupt nicht in den Sinn. Schließlich verdiente ich gutes Geld, und zwar ›für uns alle‹ – dachte ich. Zwei Wochen nach der Trennung hatte meine Frau einen neuen Freund, und nächste Woche erwarten die beiden ihr erstes Baby. Sie wollen bald fortziehen. Das macht mich erst recht fertig, denn ich war wirklich ein guter Ehemann und liebe meine Kinder über alles. Wir haben ausgemacht, dass ich die Kinder jedes zweite Wochenende zu mir nehme, und so werde ich alle vierzehn Tage die Pilgerfahrt antreten. Die Krönung aber ist, dass ich, weil ich im vergangenen Jahr so viel verdient habe, jetzt jeden Monat einen Haufen Steuern zahlen muss, während sie mit ihrem neuen Mann und dem Baby vergnügt in den Tag hineinleben kann.«

Holen Sie sich Hilfestellung bei anderen Männern

Männergruppen

Männergruppen und/oder ein Kreis guter Freunde haben sich als Retter ungezählter Ehen und Vaterschaften erwiesen. Tun Sie Männergruppen bitte nicht als Vereinsmeierei von Schwulen oder esoterischen Softies ab. In der einen oder anderen Form existieren Männergrupppen seit Tausenden von Jahren. Ihr Sinn und Zweck ist es, Männern Gelegenheit zu geben, über ihre Probleme, Pläne und Perspektiven zu reden, Ansichten auszutauschen, einander Ratschläge zu erteilen, über Gott und die Welt zu sprechen und darüber, wie wir Männer positiv Einfluss nehmen können. Ein Kreis ehrlicher Gesprächspartner und/oder Freunde sichert Ihnen den nötigen Beistand von Männern. Er gibt Ihnen die beruhigende Gewähr, nicht allein auf Ihre Partnerin angewiesen zu sein, die gerade in dieser Zeit ausreichend beschäftigt ist. Adressen von Männergruppen und -beratungsstellen (eine Auswahl finden Sie im Anhang) können Sie unter anderem über Anzeigen, die Telefon- oder Gemeindeseelsorge, über Freunde oder im Geburtsvorbereitungskurs in Erfahrung bringen. Oder Sie gründen selbst eine Gruppe.

Väter

Falls irgend möglich, sollten Sie mit Ihrem Vater sprechen oder, wenn er eher ein wortkarger Mensch ist, einfach seine Gesellschaft suchen. Es läuft sehr viel zwischen Männern ab, wenn sie etwas gemeinsam machen. Unterhalten Sie sich mit anderen Vätern. Überwinden Sie die Smalltalk-Ebene. Sprechen Sie darüber, wie Sie es empfinden, Vater eines Babys zu sein. Bitten Sie Ihre Gesprächspartner, Ihnen zu erzählen, wie sie Schwangerschaft, Geburt und die Zeit danach erlebt haben.

Zwei vertraute Freunde

Jeder Mann sollte mindestens zwei wirklich gute Freunde haben, denen er auch persönliche Dinge anvertrauen kann. Fehlen Ihnen solche Freunde, ist es höchste Zeit, sich nach ihnen umzusehen. Gehen Sie das Wagnis ein, sympathische Männer anzusprechen. Versuchen Sie eine Freundschaft aufzubauen, in der Sie über alles miteinander sprechen und jederzeit anrufen und sagen können: »Ich muss unbedingt mit jemandem reden. Hast du Zeit?« Kündigen Sie vor der Verabredung an, dass Sie sich aussprechen möchten. Sonst laufen Sie Gefahr, dass Sie über alles Mögliche reden, bloß nicht über das, was Ihnen auf der Seele brennt.

Genießen Sie das Leben

Ein Baby haben bedeutet Stress, und auch die kommenden Jahre werden alles andere als kinderleicht. Suchen Sie sich einen Zeitvertreib, der Ihnen entspannen hilft und bei dem Sie abschalten können. Das kann ein Hobby sein oder eine Sportart – Hauptsache, Sie gehen der Beschäftigung regelmäßig nach. Unternehmen Sie außerdem hin und wieder etwas anderes, einen Angelausflug zum Beispiel. Und reden Sie Ihrer Partnerin zu, sich ebenfalls in dieser Richtung umzuschauen und etwas anzufangen, was ihr Spaß macht.

Vergessen Sie das Lachen nicht

Viele Männer werden bierernst, wenn sie Vater geworden sind. Selbstverständlich ist Vatersein eine verantwortungsvolle, ernste Angelegenheit, aber so ernst nun auch wieder nicht, dass man nicht mehr lachen darf – im Gegenteil: Ihrem Kind (und natürlich Ihnen selbst) bekommt es viel besser, wenn Sie ab und zu Späße treiben und überhaupt viel lachen. Am besten sind Lacher, die aus dem Bauch heraus kommen. Seien Sie albern. Reden Sie Blödsinn. Erzählen Sie Witze. Schauen Sie sich Comedys an und schwelgen Sie mit Freunden in lachhaften Erinnerungen. Bringen Sie auch Ihre Partnerin zum Lachen. Unter anderem soll Lachen tatsächlich gut für die Milchproduktion sein.

Singen Sie

Sobald Sie ausgelacht haben, können Sie anfangen zu singen und zu tanzen. Die Fürsorge für ein Baby macht leicht müde und erschöpft. In viele Beziehungen kehrt in dieser Zeit Langeweile ein, da beide Partner über ihrem Aufgabenberg die spielerischen Seiten des Lebens vergessen. Singen tut dem Baby gut. Gleich wie schlecht und unmelodisch Sie zu singen meinen: Tun Sie's für Ihr Baby. Es muss Ihre Stimme hören – und eine bessere und einfachere Art des Entertainments als Singen gibt es kaum. Außerdem sind Babys ein dankbares, geduldiges Publikum, das nur äußerst selten protestiert.

Treiben Sie Sex

Wenn Sex Ihnen beiden Spaß macht, dann tun Sie sich bloß keinen Zwang an. Sex ist Balsam für Ihre Beziehung. Er vertieft das Gefühl emotionaler Nähe und hilft Stress abbauen. Sollte Ihre Partnerin keine Lust haben, dann bedrängen Sie sie nicht. Sex lässt sich auch allein genießen.

Pflegen Sie Ihre Partnerschaft

Sie können Ihrem Kind kaum etwas Besseres mit auf den Weg geben als die Erfahrung einer guten, liebevollen Beziehung seiner Eltern. Gerade in dieser Phase ist es überaus wichtig, dass Sie Ihre Partnerschaft pflegen, da Sie beide schließlich den womöglich größten Wandel Ihres Lebens durchmachen.

Versuchen Sie nicht, bei Meinungsverschiedenheiten um jeden Preis Recht zu behalten und als »Sieger« aus der Diskussion hervorzugehen. Geben Sie es zu, wenn Sie nicht weiter wissen, und seien Sie bereit, Hilfe anzunehmen. Denn kein Mensch kann alles richtig machen, und nur so können Sie hinzulernen. Machen Sie Ihrer Partnerin keine Vorwürfe und kritteln Sie nicht an ihr herum. Diese Empfehlungen gelten übrigens für beide Seiten. Trotzdem wird es sich in dieser anstrengenden Zeit schwerlich völlig vermeiden lassen, dass

Ihnen und Ihrer Partnerin einmal der Kragen platzt. Daher sollten Sie Folgendes vereinbaren: Reißt einem von Ihnen der Geduldsfaden, muss der andere erst recht Ruhe bewahren.

Nehmen Sie therapeutische Hilfe an

Droht Ihre Beziehung einen echten Knacks zu bekommen, zögern Sie nicht, professionelle Hilfe zu suchen. Immer mehr Männer ergreifen die Initiative und bitten um Rat. Manchmal quälen wir uns mit unnötigen Problemen, kommen nicht weiter und halten das auch noch für vollkommen normal. Dabei liegt häufig eine ganz einfache Lösung auf der Hand, die wir selbst nicht haben sehen können.

Verlangen und verteilen Sie Streicheleinheiten

Fühlen Sie sich drei Monate nach der Geburt Ihres Kindes vernachlässigt, dann fordern Sie von Ihrer Partnerin ruhig die Zuwendung und Streicheleinheiten ein, die Ihnen so sehr abgehen. Natürlich ist es die Pflicht der Mutter, sich dem Baby zu widmen, aber das darf nicht in Liebesentzug für den Partner ausarten. Gesellen Sie sich einfach dazu, wenn sie mit dem Baby schmust, oder kuscheln Sie mit ihr, wenn das Kleine schläft. Ermuntern Sie Ihre Partnerin, sich Zeit für sich selbst zu nehmen – Erholungspausen tun ihr und damit der Beziehung gut.

Reden Sie!

Sagen Sie, was Sie fühlen und denken. Wenn man es verschweigt, wird man niedergeschlagen, macht dem anderen Vorwürfe oder zahlt ihm heim, was man ihm klammheimlich verübelt. Lassen Sie es nicht soweit kommen.

Gleichberechtigung und Respekt

Lassen Sie sich keine Befehle erteilen, sondern erfüllen Sie Bitten. Geben Sie keine Befehle, äußern Sie Bitten. Es ist Gift für Ihre Beziehung, wenn einer von Ihnen oder Sie beide sich angewöhnen, Befehle zu geben und Forderungen zu stellen. Bitten und Wünsche hingegen lassen dem anderen eine Wahlmöglichkeit und zeugen von gegenseitigem Respekt.

Spannen Sie nach der Arbeit aus

Führen Sie folgende »Hausregel« ein: Wer von der Arbeit heimkommt, gleichgültig ob Sie oder Ihre Partnerin, hat Anspruch auf zehn Minuten »Schonzeit« – selbst wenn der/die Daheimgebliebene einen grässlichen Tag hinter sich hat. Denken Sie an die schon an früherer Stelle erwähnte Warnung: Wer mit Problemen und Klagen empfangen wird, dem vergeht bald die Freude aufs Heimkommen.

Ein Nest braucht Liebe

Genießen Sie es, zu lieben und geliebt zu werden. Manche Menschen sind derart bemüht, gute Eltern zu sein, dass sie darüber das Wichtigste vergessen, was ein Haus zum Zuhause macht: die Liebe.

Achten Sie auf Ihre Gesundheit

Ungesunde Gewohnheiten, die mann in diesem frühen Stadium der Vaterschaft annimmt, bleiben häufig haften. Wer sich um andere kümmert, stellt den eigenen Körper und seine Bedürfnisse häufig hintan. Doch Ihr Körper ist nicht dazu da, dass Sie ihn Ihrer Familie opfern. Er gehört Ihnen und will, dass Sie sich um ihn kümmern, und zwar Ihr Leben lang.

Bewegen Sie sich

Versuchen Sie, sich jeden Tag mindestens zwanzig Minuten lang zu bewegen. Treiben Sie irgendeine Art von Sport: Joggen Sie, gehen Sie ins Fitness-Studio, ins Schwimmbad … Und schnappen Sie möglichst viel frische Luft. Lassen Sie sich regelmäßig untersuchen, denn gegen frühzeitig erkannte Krankheiten kann man meist etwas unternehmen. Die Männer, die unter ihrer Stressbelastung zusammenbrechen, werden immer jünger, und viel zu viele sterben viel zu früh. Ihre Kinder brauchen Sie!

Meiden Sie unnötige Risiken

Gehen Sie keine unnötigen Risiken ein. Das Leben ist schließlich gefährlich genug. Dass mann im Lauf der Entwicklung darauf dressiert worden ist, sich für seine Beschützerrolle zu stählen, indem er sich Gefahren aussetzt, zeigt sich heute noch bei Arbeit und Freizeit, Spiel und Sport: Männer erledigen in der Berufswelt 95 Prozent der risikoreichen Tätigkeiten, Männer fahren gern Auto, Männer übernehmen Reparaturen, Männer lockt das Abenteuer und die Wildnis, Männer werden Rennfahrer, Männer steigen in den Konkurrenzkampf ein und wollen gewinnen, Männer wollen retten und gefeiert werden. Ob im Job oder beim Hobby, Männer gehen bis an ihre Grenzen und darüber hinaus. Überspannen Sie den Bogen nicht! Bleiben Sie vernünftig und lassen Sie sich von der Frage leiten: »Möchte ich, dass mein Sohn das tut, was ich tue?«

Ein Freund von uns hat einen Pflegesohn, dessen leiblicher Vater bei einem selbst verschuldeten dummen Unfall einen tödlichen Stromschlag erlitt. Der Junge wird sein Leben lang unter dem absolut überflüssigen verfrühten Tod seines Vaters leiden, obwohl mein Freund ihm wirklich ein guter Dad ist.

Die schlimmste Zeit dürfte er im Alter von dreizehn bis vierzehn Jahren durchmachen, wenn er nach seiner männlichen Identität sucht.

Lassen Sie von Lastern ab

Alkohol und Drogen (auch bestimmte Medikamente!) sind, im Übermaß genossen, bekanntlich mehr als ungesund. In Maßen konsumiert, mögen sie der Entspannung dienen, aber die Grenzen zur Abhängigkeit sind fließend. Schneller als man denkt, geht man von einem gemütlichen Gläschen am Abend zu härteren Sachen über, die von der unerfreulichen Realität (meist irgendwelchen Ängsten, Schmerzen und Sorgen) ablenken sollen. Abgesehen davon, dass das auf Dauer nicht funktioniert, ist der Schritt zur Sucht dann nicht mehr weit.

Wenn Sie ein Laster haben, von dem Sie schwer loskommen, suchen Sie professionelle Hilfe. Verschließen Sie nicht die Augen vor der Erkenntnis: Wenn Sie Ihren Mitmenschen Probleme machen, dann haben Sie selbst ein Problem. In den meisten Gemeinden gibt es entsprechende Beratungsstellen. Vielleicht müssen Sie ein bisschen über Ihren eigenen Schatten springen. Aber ist das nicht ungleich besser als tatenlos zuzulassen, dass Ihr Kind in zwanzig Jahren Ihre Fehler wiederholt?

ERFOLGSGEHEIMNIS KOMMUNIKATION

Oberstes Gebot: Gleichberechtigung

Spricht man mit anderen wie mit gleichberechtigten Erwachsenen, fühlen sie sich respektiert und bringen einem ebenfalls Respekt entgegen. Behandelt man seinen Gesprächspartner hingegen wie ein unmündiges Kind oder Bediensteten, wird er sich herabgesetzt fühlen und mit aller Wahrscheinlichkeit entweder trotzig kontern oder sich zurückziehen. Leider schleicht sich mit dem ersten Kind dieses ungute Kommunikationsverhalten in sehr viele Beziehungen ein. Die Familiengründung bewirkt Stress und einen Umschwung der gegenseitigen Erwartungshaltung. Sehr typische Botschaften in der Kommunikation Eltern gewordener Paare lauten:

»Du sollst …«, »Du musst …«, »Du darfst nicht …«, »Du hast gefälligst …«

»Tu dies …«, »Tu das …«, »Beeil dich und …«, »Ich erwarte …«, »Warum hast du nicht …?«, »Bring mir …«, »Ich will …«

Befehlsähnliche Botschaften sind echte Beziehungskiller. Sie treiben unweigerlich in die Enge, lassen sie doch scheinbar keine Wahl. Man fühlt sich unwillkürlich gegängelt wie einst von den eigenen Eltern: »Solange du deine Beine unter meinen Tisch streckst …« Sie wissen schon.

Bedienen Sie sich der Höflichkeits- und Möglichkeitsform, statt zu kommandieren. Das geht ganz einfach, und zwar ungefähr so:

> »Könntest du …?«, »Ich bräuchte Hilfe beim …«, »Es wäre lieb, wenn du …«, »Ich habe da eine Idee …«, »Was hältst du davon …?«, »Was könnten wir da machen …?«, »Ich würde mich freuen …«, »Ich hätte eine Bitte …«

Natürlich kommt es maßgeblich auf den Ton an. Wie kommt die Botschaft an? Die angesprochene Person muss den Eindruck haben, dass auch eine andere als die erwartete Reaktion akzeptiert wird. Versuchen Sie nie, Gesprächspartner zu manipulieren, sondern lassen Sie ihnen stets die Entscheidungsfreiheit. Sollten Sie verstaubten Denkmustern frönen wie der Vorstellung, eine Frau habe dem Mann zu gehorchen und der Mann sei das Oberhaupt der Familie, dann trennen Sie sich von ihnen. Sofort! Sie sind hoffnungslos überholt, untergraben Vertrauen und aufrichtige Achtung und machen jede Beziehung kaputt.

Wie sich Schuldzuweisungen vermeiden lassen

Kaum etwas ist tödlicher für eine Beziehung, als dem anderen die Schuld für Pleiten, Pech und Pannen in die Schuhe zu schieben. Es gibt einen simplen Trick, sich das abzugewöhnen: Polen Sie von »Du«- auf »Ich«-Aussagen um. Sagen Sie zum Beispiel

nicht: »Du hast die Heizung angelassen.«
sondern: »Als ich heimkam, lief die Heizung.«

nicht: »Du hast deiner Mutter erzählt, dass …«
sondern: »Es war mir peinlich zu erfahren, dass deine Mutter weiß …«

nicht: »Wegen deiner Kuchen habe ich so zugenommen.«
sondern: »Seit ich diese Kuchen esse, habe ich zugenommen.«

Bei »Ich«-Aussagen sprechen Sie über sich und nicht über die andere Person. »Du«-Aussagen hingegen führen leicht dazu, dass der andere sich attackiert fühlt und zum Gegenangriff übergeht. Sagen Sie also besser:

»Ich fühle mich …«, »Ich denke …«, »Ich finde …«, »Ich fürchte …«, »Ich mache mir Sorgen …«, »Ich bin verstört …«, »Ich wünschte …«

Wenn Sie auf die beschriebene Weise vorgehen, kann Ihr Gegenüber selbst entscheiden, ob es für den Sachverhalt Verantwortung übernehmen will oder nicht.

Die vier Stufen zur Konfliktlösung

Wenn Ihnen etwas unter den Nägeln brennt, dann packen Sie es auf den Tisch – aber bitte nicht unbedacht. Machen Sie es sich zum Prinzip, Konfliktstoff in vier Schritten zu »servieren«. Diese (nicht von uns entwickelte) Methode der konstruktiven Konfliktbewältigung hat sich so bewährt, dass sie in nahezu jedem Ratgeber auftaucht. Die vier – gleichermaßen wichtigen – Schritte sehen wie folgt aus:

1 Ich war ...
(verletzt, traurig, glücklich, verärgert etc.)

2 Als ...
(Beschreibung der Situation)

3 Weil ...
(Begründung)

4 Ich würde gern/würde es vorziehen ...
(Was könnte die Situation retten?)

1. Sie beginnen mit einer »Ich«-Aussage. Mit dieser offenbaren Sie, was Sie fühlen, und das ist äußerst wichtig. Außerdem zeugt sie von Selbstbehauptung: Niemand hat Ihnen zu sagen, wie Sie zu sein haben, und nur Sie allein wissen, wie Sie sich fühlen.

2. Beschreiben Sie sachlich die Situation.

3. Eine Begründung ist äußerst nützlich. Zum einen hilft sie Ihnen selbst, die Lage einzuschätzen, und zum anderen reagieren Gesprächspartner auf sie. Versucht jemand, mit Ihnen zu streiten und Ihre Gründe anzufechten, gehen Sie nicht darauf ein und suchen Sie keine weiteren Gründe. Ihre Gefühle sollten Grund genug sein.

4. Sagen Sie offen, welches Vorgehen oder Verhalten Sie sich für die Zukunft wünschen. Indem Sie so eine Strategie vor-

schlagen, bringen Sie Ihre Hoffnung zum Ausdruck, dass sich der Konflikt lösen und eine Wiederholung sich vielleicht sogar vermeiden lässt.

Prägen Sie sich diese Methode ein und wenden Sie sie an. Sie können damit Ihre Beziehung verbessern und Streit abwenden. Hier zwei Beispiele:

> Ich kam mir gedemütigt vor,
> als du mir das Baby aus dem Arm genommen hast.
> Denn ich habe mich wirklich bemüht,
> alles genauso zu machen wie du.
> In Zukunft wäre es mir lieber, du würdest mir sagen,
> was ich verkehrt mache, oder mich den Kleinen weiter
> halten lassen.

> Ich finde es wunderschön,
> wenn du dich mit dem Baby an mich kuschelst,
> weil wir uns dann alle so nahe sind.
> Ich hätte das gern öfter.

Verabsolutieren Sie nicht

Übertreibung macht anschaulich, gewiss. Aber man kann es mit dem Übertreiben auch übertreiben. Bei Konflikten führt das nämlich dazu, dass die Gesprächspartner nur noch zu hören bekommen, was sie nicht bzw. falsch gemacht haben, und alles Positive unter den Tisch fällt. Halten Sie sich also mit Übertreibungen und Verabsolutierungen zurück.

Ein Beispiel: »Jedesmal vergisst du das Brot.« Natürlich reagiere ich darauf verärgert, weil ich ungezählte Male nicht vergessen habe, Brot einzukaufen. Ich fühle mich verkannt.

Noch ein Beispiel: »Du machst nie den Tisch sauber.« Antwort: »Ich habe ihn gestern abgewischt.« (Okay, lass uns streiten.)

Beide Bemerkungen lassen sich mühelos zu »Ich«-Aussagen umformulieren:

>»Ich habe das Gefühl, mich nicht auf dich verlassen zu können, wenn du das Brot vergisst.«
>
>»Ich fühle mich wie ein Lakai, wenn du den Tisch schmutzig hinterlässt.«

Streichen Sie aus Ihrem Wortschatz also Formulierungen wie:

>»Nie machst du ...«, »Immer machst du ...«, »Du tust ...«, »Du tust nicht ...«, »Du bist ständig ...«, »Warum kannst du nicht einmal ...«

Einige Grundregeln

Werden Sie niemals ausfallend: Verzichten Sie auf Schuldzuweisungen, Erniedrigungen, Kritik, Sarkasmus, Beschimpfungen und Anklagen. Loben Sie stattdessen alles Lobenswerte. Lernen Sie, das Positive zu sehen und danke zu sagen. Freuen Sie sich über alles, was sich an Erfreulichem bietet. Übernehmen Sie die Verantwortung für alles, was Sie tun, fühlen und sagen.

Schlagen, bedrängen, klammern, kränken und gängeln Sie nicht. Lieben Sie, seien Sie zärtlich und lernen Sie loslassen. Wenn Sie innerlich kochen und Gefahr laufen, Ihre Partnerin zu verletzen, dann gehen Sie so lange aus dem Haus, bis Sie sich abgekühlt haben und in Ruhe darüber reden können. Nehmen Sie sich Auszeiten.

Machen Sie Ihrer Partnerin weder Angst noch ein schlechtes Gewissen. Drohen Sie nicht, manipulieren Sie nicht, strafen Sie nicht. Setzen Sie sie nicht ins Unrecht, sondern heben Sie selbst bei Fehlern das Richtige und Positive hervor: So bewirkt man am besten Änderungen. Teilen Sie alles im gleichen Maß und achten Sie auf gleichberechtigten Zugriff auf das liebe Geld.

Seien Sie ehrlich zueinander und betreiben Sie keine Geheimniskrämerei.

Unternehmen Sie viel gemeinsam, aber regelmäßig auch etwas getrennt.

Verhandlungstechniken

Wenn Sie wissen, was Sie wollen, sprechen Sie mit Ihrer Partnerin darüber. Sagen Sie: »Ich hätte da eine Idee! [Sprechen Sie diese nun aus.] Was hältst du davon?«

Hören Sie der Antwort gut zu. Achten Sie darauf, was Ihre Partnerin nicht akzeptiert, aber auch auf das, was sie begrüßt. Stellen Sie die Gemeinsamkeiten heraus.

Suchen Sie nach Möglichkeiten, wie Sie beide bekommen können, was Sie möchten, ohne Opfer zu bringen. Tragen Sie kein Gefecht aus. Lachen Sie! Probieren Sie, die Standpunkte zu tauschen und für die andere Seite zu argumentieren. Das macht Spaß – und offen für die Sichtweise des anderen.

Zeichnet sich keine Lösung ab, arbeiten Sie einen Kompromiss aus, bei dem beide etwas bekommen, aber auch beide auf etwas verzichten.

Geht gar nichts voran, lassen Sie das Thema eine Weile ruhen, bis sich die Lage etwas entspannt hat. Duldet die Angelegenheit keinen Aufschub, bitten Sie einen gemeinsamen Freund oder eine Freundin als Vermittler hinzu.

Sind Sie zu einer Einigung gelangt, danken Sie Ihrer Partnerin für ihren Einsatz und ihr Entgegenkommen.

Merken Sie sich: Es geht nicht darum, Recht zu haben oder zu »gewinnen«. Weit wichtiger ist Ihre Beziehung!

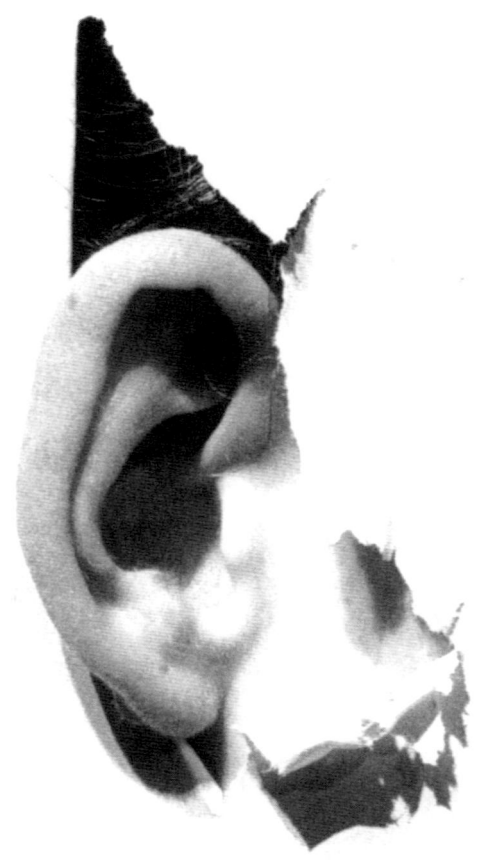

Eine Zuhör-Übung

Diese Übung ist gut für jedes Paar – als regelmäßiges Kommunikationstraining, aber natürlich auch im konkreten Problemfall.

Vorbemerkungen

✗ Ein Gespräch beruht darauf, dass die Partner abwechselnd sprechen und zuhören.

✗ Sie müssen beide bereit sein, die Spielregeln bis zum Schluss einzuhalten.

✗ Sie brauchen mindestens zwanzig Minuten Zeit und eine Uhr.

✗ Sie brauchen einen ruhigen Platz, an dem Sie für die Dauer der Übung ungestört sind.

Übungsschritte

1. Erkennen Sie beide die Spielregeln an.

2. Einigen Sie sich auf ein Thema oder einen Themenkreis.

3. Entscheiden Sie, wer zuerst spricht. Werfen Sie notfalls eine Münze.

4. Person A spricht genau vier Minuten. Person B hört aufmerksam (und schweigend!) zu und notiert im Geist das Gesagte. Jegliche Unterbrechung ist untersagt.

5. Person B fasst die Ausführungen von Person A in zwei Minuten ohne eigene Stellungnahme sachlich zusammen, zum Beispiel so: »Wenn ich dich richtig verstanden habe, hast du gesagt, dass ...«»Du hattest das Gefühl ...,

und deshalb ...« Sie enthält sich jeder Beurteilung, jeden Kommentars und jeder Interpretation!

6. Person A bewertet mit ein bis zehn Punkten, wie exakt Person B die Botschaft wiedergegeben hat, füllt eventuelle Lücken auf und korrigiert, was anders oder gar falsch aufgenommen worden ist.

Die Umkehrung

7. Person B spricht genau vier Minuten. Person A hört aufmerksam (und schweigend!) zu und merkt sich das Gesagte. Es gibt keinerlei Unterbrechung.

8. Person A fasst das von Person B Gesagte in zwei Minuten ohne eigene Stellungnahme zusammen – ohne Urteil, Interpretation und Kommentar!

9. Person B bewertet mit ein bis zehn Punkten, wie korrekt Person A die Botschaft wiedergegeben hat, füllt eventuelle Lücken auf und korrigiert, was anders oder gar falsch angekommen ist.

10. Danken Sie einander für das Reden und Zuhören.

Anmerkung:

✓ Widerstehen Sie der Versuchung, auf diesem Weg Probleme zu lösen, es sei denn, die Antworten liegen auf der Hand. Kommen Sie auf das Problem besser später zurück, wenn Sie einen Lösungs- oder Verbesserungsvorschlag entwickelt haben.

✓ Machen Sie die Übung, so oft Sie beide es mögen.

✓ Je mehr Übung Sie haben, desto besser werden Sie beide.

✓ Wenn Sie diese Technik beherrschen, werden Sie erstaunlich viele wertvolle Informationen austauschen!

Selbstgespräche

Reden Sie mit sich selbst? Nein? Dann horchen Sie einmal in sich hinein, wenn Sie eine Entscheidung zu treffen haben: Ihre inneren Stimmen liefern sich einen regelrechten Disput. Wenn das keine Selbstgespräche sind! Wir alle führen Selbstgespräche. Wir tun es Tag für Tag. Es ist wichtig, dass unsere inneren Stimmen uns Gutes, Positives, Hilfreiches und Kreatives sagen. Vermitteln sie uns negative oder überholte Botschaften, verletzen wir andere oder treffen unkluge oder gar falsche Entscheidungen.

Vielleicht gelingt es Ihnen, destruktive Botschaften Ihrer inneren Stimmen durch einige der folgenden positiven Formeln zu ersetzen. Es erfordert zunächst Selbstdisziplin und Übung, doch irgendwann werden Sie diese Gedanken verinnerlicht haben. Sagen Sie sich zum Beispiel:

Wenn Sie unter Stress stehen:

Ich kann ganz ruhig sein.

Ich kann ganz leicht atmen.

Ich bekomme das in den Griff.

Ein guter Vater wie ich bewahrt die Ruhe.

Ich kann das ertragen, so lange ich muss.

Ich kann das gut.

Bleib ruhig.

Du bist ein guter Mann ...

In einer Konfliktsituation:

Mir geht es gut. (Diese Formel ist besonders wirksam.)

Ich bin verletzt, aber alles wird gut.

Das muss ich mir nicht gefallen lassen.

Lass sie doch sagen, was sie wollen.

Ich kann jederzeit weggehen.

Entspann dich.

Was ich wirklich will, ist Vertrauen.

Das ist nicht mein Problem.

Das ist das Problem der anderen.

Ich muss lediglich zuhören.

Ich muss darauf nicht antworten.

Wie können wir uns liebevoll verhalten?

Bei kränkelndem Selbstwertgefühl

Ich bin toll

Wenn dieser Mensch mich nicht mag, mag mich jemand anderes.

Alles wird wieder besser.

Ich bin ein großartiger Vater.

Ich habe gute Freunde.

... liebt mich.

Jeder ist ein solch guter Mensch wie ich es bin.

Tipps für die Beziehungspflege

Hören Sie einfach zu

Frauen wollen sich aussprechen, wollen, dass man ihnen zuhört und sie ernst nimmt. Üben Sie sich in der Kunst, interessiert klingende Laute von sich zu geben, ohne dezidiert Stellung zu beziehen. Frauen wollen Ihr Ohr und Ihr Herz. Bekunden Sie, dass Sie aufmerksam zuhören, mit Lauten wie: »Mmmhmmm«, »Ah-ja«, »Jaaaa«, »Nööö«, »Ahha«, »Ohhh«, »Sooo« ...

Uns Männern liegt in Konfliktfällen weniger am Reden als an einer Lösung, und nach dieser suchen wir gern ungestört. Sagen Sie Ihrer Partnerin einfach: »Ich brauche erst einmal etwas Zeit zum Nachdenken. Lass uns darüber reden, wenn ich mir die Sache habe durch den Kopf gehen lassen.«

Halten Sie Ihr Hirn auf Trab

Es gibt nicht nur die Welt Ihrer Zwei- und nun Dreisamkeit. Pflegen Sie soziale Außenkontakte. Das hält Ihre Beziehung lebendig und Ihr Interesse aneinander wach. Vernachlässigen Sie auch die intellektuelle Seite nicht. Ermuntern Sie Ihre Partnerin, über Themen zu sprechen, die nichts mit Haushalt und Kindererziehung zu tun haben. Geben Sie Ihrem eigenen Verstand Futter. Bleiben Sie informiert und interessiert. Lesen Sie regelmäßig Zeitungen und Bücher, lernen Sie Neues, besuchen Sie gemeinsam einen Volkshochschulkurs (Wie wär's, endlich mit Spanisch anzufangen?), surfen Sie im Internet oder schauen Sie sich Fernsehsendungen an, die Sie davor bewahren, geistig zu verkümmern.

Verwöhnen Sie sich

Verwöhnen Sie einander mit etwas Besonderem: einem romantischen Abendessen, einem Städtetrip, und/oder Überraschungen und Geschenken. Solche Aufmerksamkeiten und gemeinsame Unternehmungen bringen zum Ausdruck, dass wir die Paarbeziehung wichtig nehmen – nicht allein das Baby.

Üben Sie sich in Toleranz

Legen Sie Toleranz, Mitgefühl und Akzeptanz an den Tag. Diese Tugenden werden Ihrem Kind zugute kommen, weil Sie Ihnen und Ihrer Beziehung gut tun.

Bedanken Sie sich

Zeigen Sie einander, wie sehr Sie beide sich – und das, was jeder tut – schätzen. So viele Männer und Frauen beginnen an irgendeinem Punkt ihrer Beziehung zu glauben, sie schufteten als einziger oder würden zumindest zwei Drittel der Arbeit erledigen. Das nährt unweigerlich Groll. Machen Sie beide es sich zur Gewohnheit, einander zu danken und Anerkennung auszusprechen.

Lieben Sie bewusst und aktiv

Respektieren und lieben Sie einander. Dass Ihr Kind geliebt und respektiert wird und Sie selbst geliebt und respektiert werden, das wird sich Ihrer sozialen Umwelt mitteilen. Versuchen Sie stets, sich in Ihre Mitmenschen hineinzuversetzen und zu fragen, was sie empfinden. Betrachten Sie es als Privileg, etwas für die Mitglieder Ihres Haushalts tun zu dürfen.

> Wenn Sie ein Lied für Ihr Kind singen,
> singen Sie danach eines für die Mutter.

WAS MÜTTER ÜBER VÄTER WISSEN SOLLTEN

Häufig werden wir von Müttern gefragt: »Was kann ich tun, um meinem Mann zu helfen, ein besserer Vater zu sein?« Dieses Buch wendet sich an Männer, die aufwachen und ihre Verantwortung als Vater bewusst anzunehmen bereit sind. Daher wollen wir antworten: »Gar nichts. Das ist seine Sache.«

Alte Gewohnheiten abzulegen und in eine neue Rolle zu schlüpfen kann sehr schwierig und sogar schmerzhaft sein. Mütter haben die Wahl: Sie können das Bemühen des Mannes, ein »guter« Vater zu sein, im Keim ersticken oder aber ihn darin unterstützen und offen sein für eine neue Dynamik in der Mann-Frau- bzw. Vater-Mutter-Beziehung. Dass ihre Reaktion sich nachhaltig auf die Kinder auswirkt, dürfte sich von selbst verstehen.

Männer erkennen zunehmend, dass ungenügende väterliche Aufmerksamkeit ihren Preis hat: Immer mehr Männer entdecken ihren »Vaterhunger« und sprechen frei darüber, wie sehr sie selber einen präsenten Vater vermisst haben und vermissen. Wenn Männer es nun besser machen und verstärkt aktiv Einfluss auf die Erziehung ihrer Kinder nehmen wollen, dann werden sie dafür auch einen Preis zahlen müssen, nämlich Verlust an Einfluss in der Arbeitswelt. Frauen wiederum dürften dadurch an gesellschaftlichem Einfluss gewinnen.

Das aktive Vatersein wird eine Neudefinition der Mutterrolle verlangen. Mütter werden ihr Kindermonopol wenigstens zum Teil aufgeben müssen. Viele werden das begrüßen, weil ihre Fürsorgepflichten sie auslaugen, sie sich nur zu gern ihr berufliches Standbein bewahren und mehr Zeit für sich selbst nehmen. Andere werden ihre Domäne bedroht sehen und sich ihrer Daseinsberechtigung beraubt fühlen.

Arbeit ist nicht das ganze Leben!

Wenn Männer das Vatersein ernst nehmen, wird sich die Arbeitswelt verändern. Es wird Arbeitsverträge geben, die es Männern ermöglichen, ihre Kleinen um 15 Uhr aus dem Hort abzuholen und daheim zu bleiben, wenn ein Kind krank ist – wie viele berufstätige Mütter es schon heute machen müssen. Sie werden die weibliche Kunst erlernen, allgegenwärtig zu sein. Sie werden lernen, zappelnde Zweijährige in null Komma nichts in Autokindersitze zu packen, und sie werden lernen, mit dem Statusverlust zu leben, den Kinderbetreuung bislang mit sich bringt.

Doch dieser Wandel bedeutet eine ungeheure Chance: Frauen werden die Last der Kindererziehung nicht mehr allein tragen müssen. Dadurch werden sie ein ausgefüllteres Leben führen können, in dem die Mutterschaft eine wichtige, aber nicht die einzig wichtige Rolle spielt. Und sie werden in Partnerschaften leben, die auf Fairness und Gleichberechtigung beruhen. Die Fähigkeiten, die Männer von Frauen und

Frauen von Männern lernen, werden den Kindern selbstverständlich und für die nachfolgenden Generationen von unschätzbarem Wert sein. Männer werden sich grundlegend ändern, wenn sie die Fürsorgerolle übernehmen und in engem Kontakt mit ihren Kindern leben. Genauso werden die Frauen sich ändern, wenn sie zulassen, dass ihre Partner dies tun, und dafür mehr Ernährerpflichten übernehmen.

Ein guter Vater zählt zu den wichtigsten Voraussetzungen für die emotionale Gesundheit eines Kindes. Kinder präsenter Väter haben ungleich bessere Aussichten darauf, dass beide Elternteile es innig lieben und noch ein Paar sind, wenn es zwölf Jahre alt ist.

Dieser Wandel wird das Gefühl der Verbundenheit der Männer mit anderen Menschen und Lebewesen vertiefen. Er ist ein Funke der Hoffnung darauf, dass die Menschheit Kriege und auch die unbedachte Zerstörung unseres Planeten einstellt, die auf die Entfremdung der Männer von den kreatürlichen und emotionalen Seiten des Lebens zurückgeht.

Tipps: Wie Mütter Vätern helfen können

Zeigen Sie diese Seiten Ihrer Partnerin, damit Sie einander noch besser verstehen lernen.

✗ **Machen Sie Ihrem Partner Mut:** Bedenken Sie, dass diese Erfahrung für ihn eine vollkommen neue ist. Sein Vater wusste wahrscheinlich nicht, was einen guten Vater ausmacht, und deshalb braucht er erst recht Zeit, sich in die neue Rolle einzufinden.

✗ **Akzeptieren Sie, dass er manches anders macht als Sie:** Womöglich legen Sie zum Beispiel großen Wert darauf, dass das Baby immer hübsch angezogen ist, während es ihn (und übrigens bestimmt auch das Baby!) nicht im geringsten stört, wenn sich Hemdchen und Hose beißen oder der Pulli verkehrt herum sitzt. Möglicherweise fasst er das Baby auch etwas fester an als Sie, doch solange das Kind nicht protestiert, ist das vollkommen in Ordnung.

✗ **Setzen Sie ihn nicht herab:** Aussagen wie:»Du bist so ungeschickt«, »Du machst das verkehrt«, »Du hast ja keine Ahnung« und »Jetzt hast du schon wieder …« unterminieren langsam, aber sicher das gesündeste Selbstwertgefühl.

✗ **Lassen Sie ihn abschalten:** Wenn Sie möchten, dass Ihr Partner sich auf das Heimkommen freut, dann gönnen Sie ihm zehn Minuten Ruhe, ehe Sie ihn mit den Problemen des Tages konfrontieren.

✗ **Zeigen Sie Verständnis für seine sexuellen Bedürfnisse:** Wenn Sie nicht wollen oder noch nicht können, dann sollte er sich gegebenenfalls selbst befriedigen dürfen, und zwar mit gutem Gewissen.

✗ **Vergessen Sie nicht, dass es Ihrer beider Kind ist:** Gehen Sie ehrlich in sich und fragen Sie sich: Betrachte ich das Baby wirklich als unser gemeinsames Kind oder verhalte ich mich, als wäre es eher mein »Besitz«?

✗ **Sagen Sie rechtzeitig, was Sie bei der Geburt von ihm erwarten:** Erstellen Sie gemeinsam einen »Geburtsplan« und teilen Sie Ihrem Partner klar mit, welchen Beistand Sie sich wünschen.

✗ **Nehmen Sie sich Auszeiten:** Überlassen Sie das Baby ab und zu dem Vater. So können Sie sich erholen, während Ihr Partner Erfahrung im Kinderbetreuen sammelt.

✗ **Spielen Sie mit Ihrem Partner und dem Baby:** Gemeinsam Spaß haben ist wichtig und der beste Weg, die Spannungen abzubauen, die nun einmal in jedem Haushalt vorkommen.

✗ **Pflegen Sie Ihre Freundschaft und Liebesbeziehung:** Vergessen Sie über der Mutterrolle nicht, dass Sie Freundin und Geliebte des Vaters sind – und sicher auch bleiben wollen!

✗ **Suchen Sie sich Freunde zum »Ausweinen«:** Lassen Sie Ärger und Frust nicht an Ihrem Partner aus.

✗ **Bleiben Sie mit ihm im Gespräch:** Damit sich ein Kind glücklich und geborgen fühlt, braucht es Eltern, die miteinander reden.

✗ **Hören Sie Ihrem Partner zu:** Er hat ein Recht auf eigene Erlebnisse sowie auf Reaktionen und Verletzlichkeiten, die nicht unbedingt mit Ihren übereinstimmen müssen. Zeigen Sie Verständnis.

✗ **Verlangen Sie, dass er Ihnen zuhört und Sie achtet:** Wehren Sie den Anfängen und stellen Sie klar, dass Sie Liebe und Respekt erwarten, auch und gerade nach der Geburt des Babys. Dulden Sie keine Beschimpfungen. Zollen Sie ihm Anerkennung für seinen Respekt.

✗ **Nehmen Sie seine Hilfe an:** Sie müssen nicht alles allein erledigen. Wenn Sie allerdings sagen: »Schon okay, ich mache das selbst«, gewinnt Ihr Partner leicht den Eindruck, dass Sie ihn gar nicht brauchen oder ausgrenzen wollen. Und dann dürfen Sie sich nicht wundern, wenn er Ihnen in Zukunft keine Hilfe mehr anbietet.

✗ **Haben Sie Geduld:** Nicht allen Männern fällt die Umstellung leicht. Seien Sie nicht überkritisch. Machen Sie sich nicht über Ihren Partner lustig, sondern ihm Mut. Geben Sie ihm positives Feedback. Männer sind sehr verletzlich, was sie aber oft mit Zornausbrüchen, Witzen, Rückzug oder Revanche bei späterer Gelegenheit vertuschen.

✗ **Lebensstandard:** Finden Sie sich damit ab, dass Ihr Lebensstandard niedriger ist als zu der Zeit, in der Sie beide voll berufstätig waren.

✗ **Sprechen Sie über die Zukunft:** Wenn Sie vorhaben, irgendwann Ihre Rollen zu tauschen, reden Sie rechtzeitig darüber und verschaffen Sie sich ein glasklares Bild über Ihre beiderseitigen Erwartungen.

✗ **Großeltern:** Freuen Sie sich über ihr emotionales und tatkräftiges Engagement.

✗ **Beziehen Sie die Großväter ein:** Großväter sind wichtig für ein tieferes, Generationen übergreifendes Verständnis des Vaterseins.

✗ **Beziehen Sie den Vater ein:** Vernachlässigen Sie über Ihrer Liebe zum Kind nicht Ihren Partner.

✗ **Selbstwertgefühl:** Vergessen Sie nicht, dass Sie nicht nur als Mutter ein wertvoller Mensch sind.

✗ **Arbeitsteilung:** Verteilen Sie die Last der Betreuung und Erziehung Ihres Kindes auf die Schultern möglichst vieler Menschen.

✗ **Loben Sie den Brötchenverdiener:** Vielen Männern erscheint es, als sähe Ihre Partnerin ihre Arbeit als selbstverständlich an. Bringen Sie zum Ausdruck, dass dem nicht so ist.

✗ **Informieren Sie ihn** über alles, was Ihr Kind betrifft.

✗ **Auch ein Vater braucht Auszeiten:** Wir empfehlen besonders, dass er sie mit verständnisvollen Freunden verbringt.

✗ **Besorgen Sie sich Hilfe:** Sie sind für Ihre Familie unersetzlich, und wenn Sie oder Ihr Partner nicht glücklich sind, leiden alle darunter. Machen Sie rechtzeitig Personen und Einrichtungen ausfindig, die Sie entlasten.

✗ **Seien Sie wieder Sie selbst:** Viele Mütter kümmern sich zu wenig um sich selbst, mit der Folge, dass sie unsicher, erschöpft und von den Kindern abhängig werden. Sehen

Sie zu, dass Sie wenigstens am Abend zu sich kommen und an einem ungestörten Ort Sie selbst statt Mutter sein können.

Carol: »Er hat eine Erwartung, die ich an ihn stellte, nicht erfüllt. Erst später kam ich darauf, dass er von dieser Erwartung nichts wusste. Ich hatte ihm gar nicht ermöglicht, sich für oder gegen diese Erwartung zu entscheiden.«

HOFFNUNGEN UND TRÄUME FÜR MEIN KIND

Hoffnungen und Träume für das Kind zu hegen – bis es die Verantwortung für sein Leben selbst in die Hand nehmen kann –, gehört zu den wichtigsten und schönsten Aufgaben eines Vaters. Eine Kombination aus Träumen und einem realistischen Konzept für die Zukunft stellt ein gesundes Fundament für den Lebensweg Ihres Kindes dar. Freilich können wir nicht hellsehen und unseren Kindern sämtliche Weichen stellen, aber wir können ihnen einen optimalen Start in ein eigenständiges Leben ermöglichen. Die Kunst besteht darin, sich zum rechten Zeitpunkt zurückzuziehen und die Verantwortung dem Kind zu übertragen.

Im Folgenden haben wir einige Punkte aufgelistet, die Sie bei der Erziehung Ihres Kindes erwägen werden. Gehen Sie die Liste zunächst in Ruhe allein durch, machen Sie sich zu jedem Punkt Gedanken und besprechen Sie sich anschließend mit Ihrer Partnerin. Sie müssen nicht zu allem eine Antwort parat haben.

Wenn Ihrer Partnerin diese Vorgehensweise nicht behagt, dann bringen Sie das Gespräch zu einem anderen Zeitpunkt auf die Themen, die Ihnen am Herzen liegen. Denken Sie daran: Das Wichtigste, was Sie Ihrem Kind mitgeben können, ist eine Vision – und Hoffnungen für die Zukunft.

Spirituelle/religiöse Fragen

❏ Glaube

❏ Konfession

❏ Einstellung zur Natur

❏ Rituale/Zeremonien (Namensgebung, Familienfeiern, Taufe, Danksagung etc.)

❏ Gut und Böse

❏ Gottesbild

❏ Tischgebet

❏ Familiengebet

❏ Sonntagsschule

❏ Taufpaten

Körperliche Entwicklung

❏ Medizinische Nachsorge nach der Geburt

❏ Arzt

❏ Stillen/Fläschchennahrung

❏ Babysitter

❏ Schlafstellung

❏ Wickelmethode

❏ Wie stelle ich mir die spätere äußere Erscheinung meines Sohns/meiner Tochter vor?

❏ Bewegungsspielraum

❏ Sport

Gesundheit/Sicherheit

❏ Gewicht

❏ Ernährung

❏ Wie wird gefüttert?

❏ Fläschchen in der Nacht

❏ Bekleidung

❏ Bett und Bettzeug

❏ Wer pflegt das Kind, wenn es krank ist?

❏ Haustiere

❏ Autofahren

❏ Schlafarrangement

❏ Zimmertemperatur

❏ Baden

❏ Putzen/Keimfreiheit

❏ Herumtollen

❏ Übertriebene Fürsorge

Ausbildung

❏ Vorschulalter

❏ Kinderkrippe

❏ Spielkrippe

- ❏ Kindergarten
- ❏ Grundschule
- ❏ Sonderschule
- ❏ Hauptschule/Realschule/Gymnasium
- ❏ Sonntagsschule
- ❏ Spielerisches Lernen
- ❏ Universität
- ❏ Fortbildung der Eltern
- ❏ Fernsehen

Kreativität

- ❏ Wie können wir ein Umfeld schaffen, das die Kreativität des Babys stimuliert?
- ❏ Interaktives Spielzeug
- ❏ Soll das Kind ein Musikinstrument lernen?
- ❏ Welche Musik soll das Baby hören?
- ❏ Wollen wir/das Baby viel spontan machen?

Familie

- ❏ Kann ich etwas mit dem Baby unternehmen, ohne die Mutter zuvor zu fragen?
- ❏ Können wir beide uns bei der Fürsorge für das Kind aufeinander verlassen?
- ❏ Wie viel Einfluss dürfen die Großeltern nehmen?
- ❏ Wer erzählt es den anderen Kindern?

Babybedürfnisse

❏ Dekoration des Kinderzimmers
❏ Welcher Kinderwagen?
❏ Welche Art von Windeln?
❏ Welcher Autositz?
❏ Welche Fläschchen?
❏ Schnuller
❏ Laufstühlchen?
❏ Wer kauft die Sachen für das Baby?
❏ Wer liest dem Baby vor und was?
❏ Wer führt das Baby-Tagebuch?
❏ Medikamente
❏ Wer fährt mit dem Baby zum Arzt?

Ernährung

❏ Gesundheitliche Überlegungen
❏ Fertignahrung
❏ Biologische Lebensmittel
❏ Vegetarische Kost
❏ Essgewohnheiten
❏ Menge
❏ Häufigkeit
❏ Süßigkeiten
❏ »Verbotene« Lebensmittel
❏ Kulturelle Gewohnheiten
❏ Hygiene
❏ Wer trifft die Grundsatzentscheidung?

Verantwortlichkeiten

- ❏ Wer übernimmt den größten Teil der Fürsorge?
- ❏ Für wie lange?
- ❏ Wollen wir die Rollen Fürsorger/Geldverdiener tauschen?
- ❏ Wann?
- ❏ Wie kommen wir mit dem verminderten Einkommen zurecht?
- ❏ Wie schaffe ich es, weniger zu arbeiten und mehr für Frau und Familie da zu sein?

Namensfindung

- ❏ Wer entscheidet?
- ❏ Wie soll entschieden werden?
- ❏ Soll je nach Geschlecht des Kindes einer von uns das letzte Wort haben?
- ❏ Wen wollen wir zu Rate ziehen?
- ❏ Gibt es in einer Familie oder beiden eine Namenstradition?
- ❏ Wie werde ich meinem Kind seinen Namen erklären?
- ❏ Wer lässt den Namen eintragen?

»Geburtsplan«

- ❏ Welcher Arzt?
- ❏ Welche Klinik?
- ❏ Welche Hebamme?
- ❏ Welche Entbindungsmethode?
- ❏ Wo?

❏ Wer soll dabei sein?

❏ Wollen/müssen wir irgendwelche Rituale/Sitten beachten?

❏ Spezielle Erwartungen?

❏ Wer soll Beistand leisten (der Mutter/dem Vater)?

❏ Notfallpläne

❏ Möchten wir uns vorher noch etwas sagen?

❏ Allergien

❏ Bitten an das Geburtshelferteam

❏ Was wollen wir auf keinen Fall?

❏ Religiöse Bräuche

❏ Gibt es Risiken, über die wir uns unterhalten müssen?

❏ Worin bestehen unsere Ängste?

Spielzeug

❏ Wie stehen wir zu Kriegsspielzeug?

❏ Zu geschlechtsspezifischem Spielzeug?

❏ Welche Spielsachen sind für Babys geeignet?

❏ Welche Spielsachen können wir selbst anfertigen?

❏ Was tun mit unliebsamen Geschenken?

Bezahlte Arbeit

❏ Wer verdient die Brötchen?

❏ Wie viele Stunden in der Woche?

❏ Wie viel Geld brauchen (nicht möchten!) wir?

❏ Wollen/müssen wir beide arbeiten?

❏ Wer kümmert sich um das Baby?
❏ Tagesmutter

Geld

❏ Führen wir ein gemeinsames Konto?
❏ Oder getrennte Konten?
❏ Ein spezielles Babykonto?
❏ Besondere Sparmaßnahmen
❏ Persönliche Ausgaben
❏ Raten von Hypothekenzahlungen/Tilgungskrediten ändern
❏ Wer zahlt was?
❏ Annehmen von Sach- und Geldgeschenken

Unbezahlte Arbeit

❏ Wie kann ich die Mutter unterstützen?
❏ Wie lässt sich die Arbeitsbelastung durch Spiel und Spaß und Beziehungspflege ausgleichen?
❏ Wie sieht eine gerechte Arbeitsverteilung aus?
❏ Ein Signal ausdenken, das sagt: »Ich bin erledigt!«
❏ Von der Arbeit ausspannen

Rund ums Haus/die Wohnung: Wer tut was?

❏ Garten für Küche und Kind herrichten und pflegen
❏ Kinderzimmer

❏ Renovierungsarbeiten
❏ Reparaturen
❏ Auto in Schuss halten
❏ Engagement in der Gemeinde
❏ Mitarbeit in Bürgerinitiativen

Männliche Freunde

❏ Welche Männer betrachte ich als meine Freunde?
❏ Wie kann ich mit ihnen Zeit verbringen?
❏ Wann?
❏ Auf welche Weise?
❏ Wen kann ich um Hilfe bitten?
❏ Kann ich sie mit nach Hause bringen?
❏ Gibt es ältere Männer, mit denen ich reden kann?

Literaturverzeichnis

Verwendete und empfehlenswerte Bücher

Biddulph, Steve:
Das Geheimnis glücklicher Kinder.
Beust Verlag, München 2000

Biddulph, Steve:
Jungen! Wie sie glücklich heranwachsen.
Beust Verlag, München 2000

Biddulph, Steve:
Männer auf der Suche. Sieben Schritte zur Befreiung.
Beust Verlag, München 1996

Biddulph, Steve:
Weitere Geheimnisse glücklicher Kinder.
Beust Verlag, München 2000

Biddulph, Steve und Shaaron:
Wie die Liebe bleibt. Über die Kunst,
ein Paar und Mann und Frau zu sein, auch mit Kindern.
Beust Verlag, München 1999

Chilton, Howard:
Das praktische Baby-Buch.
Alles Wichtige für die ersten drei Monate.
Beust Verlag, München 2000

Harris, A. Christine:
Mein Schwangerschaftstagebuch.
Die 266 Tage vor der Geburt des Kindes.
Nymphenburger/Herbig, München 1998

Kitzinger, Sheila:
Hausgeburt. Ein Ratgeber für werdende Eltern.
Kösel, München 1994

Kitzinger, Sheila:
Schwangerschaft und Geburt
bewußt und selbstbestimmt erleben.
dtv, München 1996

Leboyer, Frederick:
Geburt ohne Gewalt. Mosaik bei
Goldmann, München 1999

Morris, Desmond:
Babywatching. Die Körpersprache der Babys.
Was dir dein Baby sagen will.
Wilhelm Heyne, München 1996

Nerburn, Kent:
Briefe an meinen Sohn.
Über das Mannsein, die Liebe und das Leben.
Beust Verlag, München 1996

Bildnachweis

Nützliche Adressen

Beratungsstelle für Väter
c/o Manfred Dreschke
22415 Hamburg
Telefon: (040) 520 90 63

Eltern für aktive Vaterschaft,
EFAV e.V.
Friedrich-August-Platz 2
26121 Oldenburg
Tel.: 0441/81134
Fax (8–18 Uhr): 0441/81165
eMail: KindundVater@t-online.de

Männerarbeit in der
Pro Familia Marburg
c/o Andreas Kraus
Universitätsstr. 42
35037 Marburg
Telefon: (06421) 218 00

Väteraufbruch für Kinder e.V.
PF 1101
36200 Sontra
Bundes-Väter-Hotline:
  0180/5120120
eMail: info@vafk.de

Treff-PUNKT für Männer,
Väter und Jungen
c/o Beratungsstelle für Eltern,
Kinder und Jugendliche
Kapitelstr. 30, 2. Stock
41460 Neuss, Tel: (02131) 27 40 74

Väterprojekt Münster
c/o Buddy Mertens
Holzschuhmacherweg 22
48161 Münster-Roxel
Telefon: (02534) 27 96
Fax: (02534) 27 96

Gruppen für Männer bei der
Ev. Familienbildung Frankfurt
c/o Hans Stapelfeld
Darmstädter Landstr. 81
60598 Frankfurt
Telefon: (069) 62 58 65
Fax.: (069) 603 22 25

Väterberatung der
Johanniter Unfallhilfe e.V
Servicezentrum Rodenkirchen
Friedrich-Ebertstr. 2
50996 Köln
Lutz Moretti-Oppermann
Telefon: 0221-890 09-311
Fax: 0221-890 09-333

Sexual- und
Partnerschaftsberatung
Praxis Volker van den Boom
Wilhelmstr. 35
52070 Aachen
Telefon/Fax: (0241) 53 44 07

ADAM & Söhne –
Verein für Männerkultur e.V.
c/o Norbert Isner
Beethovenstr. 21
65189 Wiesbaden
Telefon: (0611) 37 13 42

Münchner Informationszentrum
für Männer e.V.
Landwehrstr. 85
80336 München
Tel.: 089/5439556
Fax: 5439662
http://www.maennerzentrum.de

Register

Das Buch,
das eine Generation
von Männern
(und Vätern)
verändern wird.

**Männer
auf der
Suche**
beruht auf einer
anschaulichen These:
Die industrielle
Revolution hat die
Männer ihrer Väter
beraubt, mit dramati-
schen Folgen für ihr
Seelenleben und die
innere Reifung.
Anders als über
Jahrtausende zuvor
wachsen Jungen seit
sieben Generationen
ohne Mentoren,
Initiationsriten und
väterliche Führung auf – weil Männer aus Sozialleben und Erziehung
weitgehend ausgeschieden sind.

NDR 2, Magazin Buchtip:
»... ist es so spannend zu lesen wie ein Roman – selbst wenn Sachen
drinstehen, die Mann vielleicht erst einmal nicht so gerne hört ... Und wer
einen Sohn hat, dem sei das Buch doppelt warm an das Herz gelegt.«

288 S., geb., 15,5 x 21,5 cm, DM 36,– sFr 33,– öS 263,–, ISBN 3-89530-023-3